Herausgegeben von Larousse, www.editions-larousse.fr
Originaltitel „Des Jardins dans des caisses a vin"

Übersetzung: Christiane Sixtus, Düsseldorf
Text: Jean-Paul Collaert
Redaktion: Catherine Maillet
Gestaltung: Florence Le Maux
Titelgestaltung: Laure Ferrandis

ISBN 978-3-7843-5452-1

Gärtnern
IN WEINKISTEN

Mini-Landschaften in überraschenden Behältern!

JEAN-PAUL COLLAERT & GILLES LACOMBE

Fotos von Jean-Louis Leibovitch

INHALT

Was ist das? Kisten!

Nach 40 Jahren eifrigem Gärtnern habe ich damit begonnen, mit anderen Techniken zu experimentieren, sagen wir ... mit verschobenen Techniken. Nachdem ich mich an quadratische Beete, Blumenteppiche und Lasagne-Gärten herangewagt hatte – das ist ein Projekt für die Eifrigsten und Erfahrensten – entschied ich mich dazu, keine Experimente mehr zu machen. Zu dem Zeitpunkt wusste ich noch nichts von den Weinkisten ...

Alles begann an dem Tag, an dem mein Verlag Larousse mir von dem Vorhaben der Verlagsleitung erzählte, ein neues Projekt über Minigärten in Weinkisten zu machen. Was für eine lustige Idee! Natürlich kenne ich diese Behältnisse, aber ehrlich gesagt, war ich doch nicht Bastler genug, um sie anders als Aufbewahrungsort für gute Tropfen denn als Objekt an sich in einer Bibliothek oder als Dekoration auf dem Ladentisch zweckzuentfremden. Nicht sehr originell, oder?
Während ich die Idee in meinem Kopf drehte und wendete, stöberte ich im Internet und entdeckte, dass die Sparte Wine box gardening auf der anderen Seite des Atlantiks schon angekommen war: Das war's!

Die Herausforderung reizte mich. Aber wie sollte ich dieses Objekt langlebiger machen, da ich kein As im Umgang mit der Bohrmaschine bin, und welches Wundermittel konnte ich verwenden, um zu verhindern, dass das Holz bald vermodert, und zwar ohne viel Chemie? Ich sprach darüber mit meinem Freund Gilles Lacombe, Plastiker und Universalgenie, der seinerseits über die Sache nachzudenken begann. Da die Kisten nicht nur für ein Foto zusammengestellt werden, müssen sie mehrere Monate halten. Daher die Grundfrage: Würden die Pflanzen mit so wenig Platz auskommen? Eine lange und intensive Versuchsperiode folgte: einen geeigneten Gemeinschaftsgarten in Crosne finden, nämlich Abeilles maraîchères, und über 90 Kisten aller Größen und Formen austesten, sodass am Ende des Winters die ersten Pflanzen ausgesät werden konnten.

Mittlerweile hatte Gilles herausgefunden, wie man die Kisten verstärken kann. So konnte ich direkt danach mit dem Pflanzen im großen Stil beginnen. Mit dem Rest – gießen, nachbessern und die Invasionen der Schnecken überwachen – hatte ich mehrere Monate gut zu tun. Als ich erfreut entdeckte, dass die Wurzeln der Pflanzen, abgesehen von zwei Kisten (nicht mal 3% der Gesamtzahl!), den Kontakt mit dem Holz schätzen, ging der Rest wie von selbst. Um diese mehr oder weniger blühenden Kisten nach bestimmten Themen zu verewigen, richtete Jean-Lous Leibovitch ein Behelfsatelier in einer Ecke eines Treibhauses ein, wo die Temperaturen trotz eines erbärmlichen Sommers oft tropisch waren.

Sie halten nun eine Auswahl der besten Kisten dieser ersten Serie in den Händen. Aber die allerschönsten kommen natürlich noch, extra für Sie!

Jean-Paul Collaert

Carnac

Ein unwahrscheinliches, aber gelungenes Aufeinandertreffen zwischen einer tiefer gelegten Kiste von Wein aus dem Elsass und einiger rosa Granitblöcke aus der Bretagne. Das Ganze liegt auf Pfriemen-Mastkraut und Schafsteppich, die beide magateppichbildend sind. Nimmt man die Blöcke weg, hat der Zaubergarten genug Platz, um sich auszubreiten (siehe Seite 149).

Mein Lieblings-Minigarten

Für Sacha

DAS ZWEITE LEBEN EINER WEINKISTE

DIE WEINKISTE, IHR LEBEN, IHR WERK

Als französische Spezialität hat die Weinkiste eine lange Geschichte, die mit der Qualität der französischen Weinanbaugebiete verbunden ist. Im Folgenden wird beschrieben, wie Sie die Kisten für Ihre Zwecke verwenden können.

Ohne auf die griechische Amphore und die gallische Tonne zurückkehren zu wollen, hat der Transport des Weins den Erfindungsreichtum unserer Ahnen gekitzelt. Vor allem, wenn es sich um große Weine handelte, wurde Billigwein vor Ort und am schnellsten getrunken. Die Verwendung von Glasflaschen begann im 18. Jahrhundert in der Champagne – klar, warum. Nebenbei bemerkt waren es die Engländer, die die industrielle Fertigung der schwarz gefärbten Glasflasche einführten, welche lange Zeit maßgeblich verwendet wurde. Der Transport der Flaschen führte zu genau denselben Problemen wie jener von Fässern. Um Bruch zu vermeiden, wurden die Flaschen in Weidenkörben mit Stroh in den Zwischenräumen gestapelt. Holzkisten kamen um 1830 auf, erst aus Espen-, dann aus Kiefernholz. Ihr Zielort war auf dem Deckel eingebrannt. Die Kisten umfassten 12 bis 50 Flaschen und wurden innerhalb ganz Europa verschickt, sogar bis ins weit entfernte Russland.

Glühend rot markierte Kisten

Der leichtere und preisgünstigere Karton begleitet die ansteigende Kommerzialisierung der Weinflaschen seit den 1960er Jahren, jedoch bleibt die Holzkiste den großen Weinen vorbehalten: Bei großen Entfernungen kommt ihnen die Wärmeisolierung des Holzes zugute. Da die Weinkisten mit den Flaschen an den Innenwänden mit Keilen befestigt werden, können sie nicht umstürzen. Im Allgemeinen wird auf eine Seite und auf den Deckel der Kiste das Logo des Weinguts oder Schlosses geprägt oder eingebrannt. Es gibt übrigens Menschen, die die Deckel der Weinkisten sammeln. Die wohlklingende Bezeichnung hierfür ist „capsapyroenophil".

Zweifellos ist Frankreich der Hauptproduzent für Weinkisten aus Holz. Jedes Jahr werden dort mehr als 11 Millionen Kisten hergestellt. Der Großteil der Hersteller ist in Gironde ansässig, was niemanden verwundert. Das Holz der Strandkiefer ist zudem einfach zu verarbeiten, leicht und preiswert und wird deshalb gegenwärtig am häufigsten verwendet. Seine helle Farbe bringt die Flaschen und Etiketten zur Geltung. Etwa 12 Hersteller, die „vinicaissiers", beschäftigen mehr als 220 Mitarbeiter und erzielen einen Umsatz von 40 Millionen Euro. Gemäß der Zahlen ihrer Gewerkschaft werden 60.000 m3 Holz zu Kisten. Unbehandeltes Holz, denn die Exportauflagen sind in dieser Hinsicht sehr streng: Das Holz hält nur Hitzebehandlungen aus, um etwaige Parasiten abzutöten.

Der Keller des Belfrieds in Évreux im Departement Eure.

Wo findet man Weinkisten?

Bevor Sie sich an die Gestaltung eines Minigartens machen, müssen Sie natürlich an Weinkisten kommen. Wenn Sie Weinliebhaber sind, haben Sie sie vielleicht schon, ansonsten fragen Sie bei Ihren Freunden nach. Machen Sie deutlich, dass sie den Deckel, der dekorativste Teil der Kiste, behalten können. Die Erfahrung hat gezeigt, dass solch eine Anfrage am besten ankommt, wenn sie von einem Lächeln und der Erklärung des Ziels Ihrer Aktion begleitet wird: ein echter Garten im Miniaturstil.

Sie können auch bei Weinhändlern nachfragen. Da sie nur selten ganze Kisten verkaufen, kann es sein, dass sie halb leere Kisten haben. Zeigen Sie Ihren guten Willen und kaufen Sie einige gute Tropfen, dann kommt die kleine Gefälligkeit ganz von allein. Heutzutage wird ein großer Teil des Weins über Hypermärkte vertrieben, auch große Weine. Wenden Sie sich dort an den Sortimentsleiter Wein und erklären Sie ihm, was Sie vorhaben. Er wird bestimmt die von Ihnen gewünschten Kisten beiseitelegen, vor allem im Herbst, wenn die Weinmessen stattfinden. Heben Sie sie bis zum Frühling auf. Auch über die großen Online-Shops für Wein kann man Kisten bekommen, aber stürzen Sie sich nicht in Unkosten bei den Transportgebühren, wenn eine Kiste nicht mehr als 5 Euro kosten soll. Eine gute Quelle ist vielleicht auch nur zwei Schritte von Ihnen entfernt, zum Beispiel in Ihrem Lieblingsrestaurant, das nicht weiß, was es mit den leeren Kisten machen soll.
Wir für unseren Teil haben aufgrund der benötigten großen Menge auf die Kisten von Mauco zurückgegriffen, dessen Geschäft in Libourne für die Öffentlichkeit zugänglich ist. (siehe Adressteil auf Seite 158). Sie haben ihren Bestand um Kisten erweitert, die ihnen freundlicherweise von den Weinbauern aus allen Regionen zugeschickt wurden.

DIE GESTALTUNG EINER WEINKISTE

Es ist bekannt, dass Holz nicht unbedingt den Kontakt mit Wasser schätzt. Dies ist aber für die Pflanzen unerlässlich. Eine kleine Anpassung ist deshalb notwendig, um eine einfache Kiste in einen tollen Blumenkasten zu verwandeln.

Die mit Erde gefüllte Kiste unterliegt hohen Spannungen, welche zu Verformungen führen können. Man muss im Hinterkopf behalten, dass sie nur eine Verpackung ist und die innen befestigten Flaschen nicht an die Wände stoßen, so wie es die Erde tut. Klammern und Drahtstifte reichen nicht aus, um die Bretter zu befestigen und es kann zu Ablösungen an den Ecken kommen. Die erste Kiste, die wir ohne besondere Vorsichtsmaßnahmen bepflanzt haben, ist erst nach zwei Wochen „in Funktion getreten". Besser wäre also, Vorkehrungen zu treffen, und Gilles hat sich dieser Aufgabe mit hoher Entschlossenheit gewidmet: Holz ist sein Ding ...

Verstärkung der Ecken und des Bodens

Die Latten sind zu dünn, sodass die Überlegung, Metallwinkel auf die kritischen Stellen zu nageln, müßig ist. Gilles hat die Idee gehabt, Holzleisten in die Ecken entsprechend der Kistenhöhe zu leimen. Die Fotos auf der nächsten Seite zeigen genau, wie es gemacht wird.

Während der Arbeit beschloss Gilles, die Leisten bei einigen Kisten überstehen zu lassen. Dies erwies sich als tolle Idee, denn so hat man eine Rankhilfe für Kletterpflanzen. Außerdem kann man gleich große Kisten aufeinanderstapeln. Darüber hinaus hat man einen hervorragenden Griff, um die Kiste hochzuheben und woanders hinzustellen, auch wenn sie groß und dadurch schwer ist.

Es kommt vor, dass die Kisten sich am Boden verformen, indem sich zwei Bretter lösen, gegeneinanderstoßen und so ein Dreieck bilden. Das kommt aber nur gerade mal in 3 % der Fälle vor. Man muss also Keile platzieren, damit die Kisten in der horizontalen Lage verbleiben. Eine Abhilfe besteht darin, indem man zwei Leisten unter die Kisten leimt. Die Vorteile dieser Prozedur: Die Leisten nehmen kaum Platz im Inneren der Kiste ein, und sie lassen die nicht so wuchtig anmutende Kiste etwas höher erscheinen, bis die Pflanzen die Oberhand gewinnen.

Material
- Kisten
- Eckleiste mit 2,5 cm Durchmesser

Werkzeug und Zubehör
- Bohrmaschine, Holzbohrer
- Schraubzwinge
- Holzsäge
- hochwertiger Holzleim für den Außenbereich
- Schrauben mit partiellem Gewinde 3,5 x 30-18

Abdichten des Holzes
- trocknendes Leinöl
- Erde aus Siena
- Handschuhe, Pinsel und Tuch

1

Schneiden Sie die Leiste in vier Stücke mit der richtigen Länge, ungefähr 2 cm weniger als die Kistenhöhe. Der Durchmesser beträgt 2,5 cm, damit die Leistenstücke langlebig sind und nicht zu viel Platz in der Kiste beanspruchen. Tragen Sie etwas Leim auf zwei angrenzende Seiten auf. Der Leim sollte hochwertig und für den Außenbereich geeignet sein, aber kein Polyurethan enthalten.

2

Platzieren Sie die Leistenstücke in die vier Winkel der Kiste. Kontrollieren Sie, ob die Leistenstücke die richtige Länge haben: Das obere Ende sollte sich ungefähr einen Zentimeter unterhalb des Kistenrandes befinden, sodass es gerade eben sichtbar ist.

3

Verwenden Sie eine Schraubzwinge, um einen festen Halt des Leistenstücks an der Kistenwand sicherzustellen.

4

Mittels drei Schrauben können Sie den Halt der angeleimten Leistenstücke noch verstärken. Gilles empfiehlt Schrauben mit partiellem Gewinde 3,5 x 30-18. Dies bedeutet, dass der Durchmesser 3,5 mm und das Gewinde 18 mm auf einer Gesamtlänge von 30 mm betragen. Dieses partielle Gewinde ermöglicht es, das Leistenstück an die Seite der Weinkiste zu ziehen, von wo aus die Montage leichter ist.

5

Wischen Sie die verbliebenen Leimreste mit einem Tuch weg.

6

Möchten Sie Leistenstücke von 50 cm Länge montieren, ist die Methode genau dieselbe. Ihre Basis wird jeweils an zwei Seiten verklebt und jedes Leistenstück in den Ecken der Kiste positioniert.

VERSTÄRKEN DES BODENS

1

Die auf die richtige Länge zugeschnittenen Leistenstücke werden mit Leim bestrichen und auf die Außenseite des Kistenbodens senkrecht zu den Bodenlatten platziert. Sie sollten mit etwas Abstand zum Rand angebracht werden und etwas kürzer als die Breite der Kiste sein.

2

Schrauben Sie die wie üblich verleimten Leistenstücke an. Sie sind beim Aufeinanderstapeln mehrerer Kisten nicht hinderlich.

INSTALLIEREN DES ABFLUSSES

Überschüssiges, von den Pflanzen nicht aufgenommenes Wasser muss problemlos abfließen können. Im Allgemeinen sind vier bis sechs Abflusslöcher pro Kiste ausreichend. Sie sollten gleichmäßig auf dem Kistenboden angeordnet werden. Die Löcher sollten einen Durchmesser von 15 mm haben. Zu kleine Löcher könnten verstopfen, zu große machen den Boden nicht brüchig. Bohren Sie die Löcher, bevor Sie die Kiste abdichten.

Obwohl es zuerst eine gute Idee zu sein scheint, raten wir Ihnen davon ab, das Innere der Kiste mit Plastik auszulegen. Es schützt das Holz nur unzureichend und kann sogar zu beschleunigter Fäulnis führen. Man darf nicht vergessen, dass die Wurzeln erpicht auf Feuchtigkeit sind und diese auch ableiten, sodass sie sich zwischen dem Plastik und dem Holz ansammeln kann. Aber wenn Ihre Versuche das Gegenteil beweisen, kommen wir gerne mit Ihnen ins Geschäft.

1

Markieren Sie ungefähr 8 cm von den Rändern entfernt die Stellen für die zukünftigen Löcher. Rechnen Sie mit vier Löchern bei einer Kiste für sechs Flaschen und mit sechs Löchern bei einer Kiste für 12 Flaschen.

2

Verwenden Sie einen kleinen Bohrer mit einem Durchmesser von 15 mm. Da das Holz sehr weich ist, ist ein gewöhnlicher Bohrschrauber ausreichend.

Was passiert, wenn die Kiste nicht abgedichtet wird? Das ist nicht weiter schlimm, aber das Holz wird schneller fleckig. Es verfärbt sich mit der Zeit grau oder schwarz. Der Kontakt mit der Erde und das Auftreten von Pilzen tragen noch dazu bei, dass das Holz brüchig wird. Eine leere Kiste bleibt länger intakt als eine befüllte und bepflanzte Kiste. Natürlich verwenden wir kein Gift wie Xylophène. Lassen wir chemische Produkte beiseite und wenden uns der vielfältigen pflanzlichen Welt zu. Die Kisten sind nicht teuer, und auch bei ihrer Abdichtung muss man sich nicht finanziell ruinieren.

1

Leinöl trocknet in nur wenigen Stunden.

Leinöl scheint also recht preiswert zu sein, da der Liter durchschnittlich 7 Euro kostet; es ist also nur halb so teuer wie Teaköl. Man gewinnt das Öl aus bestimmten Leinsamensorten. Es durchdringt das Holz, trocknet aber nicht sofort. Man trägt es sparsam mit einem Pinsel auf. Eine halbe Stunde später kann man das überschüssige Öl mit einem Tuch entfernen, da sonst das Holz tagelang klebrig bleibt. Der Fischgeruch ist etwas gewöhnungsbedürftig. Ihre Hände werden nach jeder Behandlung der Kisten noch eine Woche lang danach riechen.

Für einige Euro mehr bekommen Sie „trocknendes" Leinöl. Die deutsche Marke Kreidezeit ist die im Handel meistverbreitete. Durch die beigefügten trocknenden Substanzen trocknet das Öl flächenmäßig in nur wenigen Stunden. Die Wirkstoffe sind verschiedene Metallsalze, die in einem organischen Lösungsmittel verdünnt wurden. Der Hersteller gewährleistet, dass weder Blei noch Barium enthalten ist und das enthaltene Kobalt, Mangan, Zirkonium und Zink die zulässige Menge nicht überschreiten. Übrigens, dieses Öl ist für Kinderspielzeug aus Holz zugelassen. Es empfiehlt sich jedoch, bei der Abdichtung der Kisten Handschuhe zu tragen oder sich direkt danach die Hände zu waschen.

2

Tragen Sie nicht mehr Öl als notwendig mit einem Pinsel oder einer sauberen Bürste auf.

3

Wischen Sie nach einer Viertelstunde das überschüssige, nicht eingezogene Öl mit einem Tuch ab.

EINE KISTEN-FRITTEUSE

Durch Zufall haben wir die beste Methode gefunden, nämlich die Verwendung gewöhnlichen Leinöls, als wir Osman Cinar besucht haben, der in Crosne im Département Essonne das gesamte Material für Imker verkauft (www.apiculture.fr). Es begann mit der einfachen Frage: Wie schützt er die Bienenstöcke? Seine Antwort: heißes Wachs oder kochendes Leinöl, vorzugsweise Letzteres. Bei welcher Temperatur? 140 °C, wie bei Pommes Frites. Er zeigt uns seine Anlage: ein großes Gefäß mit einer Seitenlänge von 80 cm, in der ein Bienenstock problemlos Platz hat.
Das Öl wird eingefüllt und mit einem großen Gasbrenner erhitzt, so ähnlich wie die Waschkessel von früher. Mit einer Kiste wird ein Versuch unternommen: Es müssen Wasserdampfblasen aus der Fritteuse steigen. Nur wenige Minuten später ist das der Fall, und die Kiste wird ohne Mängel herausgehoben. Nach dem Abkühlen ist die Kiste viel leichter, und ihr Holz hat einen klaren Klang, da sich seine Fasern zusammengezogen haben.
Natürlich ist diese Prozedur nicht jedem zu empfehlen und nur für die benötige Menge Öl, aber Osman führt sie auf Anfrage durch (siehe Adressteil, Seite 158). Tipp für die Bewohner der Region Île de France ... Für alle anderen ist trocknendes Leinöl, kalt aufgetragen, ein guter Kompromiss.

Einwandfreie Kisten haben nach acht Monaten der Bepflanzung Patina angesetzt.

Osman Cinar vor einem Gefäß mit kochendem Leinöl, in dem er gleich eine Weinkiste „frittiert".

Der letzte Schliff betrifft das Äußere der Kisten. Soll man das Holz nach der Behandlung mit dem Öl unbemalt lassen oder es anstreichen? Das ist vor allem Geschmackssache. Damit das Holz nicht zu hell für die Bildaufnahmen ist, hat Gilles etwas Siena-Erde auf alle Kisten aufgetragen, die mit der Zeit den Farbton Eiche klar angenommen haben. Dieses Pigment wird in klarem Wasser aufgelöst, und zwar ein halber Teelöffel auf eine Schüssel Wasser. Es empfiehlt sich, von viel auf wenig überzugehen; hier sind die Kisten jedoch im Vorfeld mit Leinöl behandelt worden. Siena-Erde trägt aber sehr stark auf, sodass sich Krusten bilden können. Beim zweiten Mal hat Gilles das Pigment direkt in dem trocknenden Leinöl aufgelöst. Noch einfacher!

Außerdem hat er weitere Farbtöne benutzt: blau, rot und grün. Einer seiner Lieblingsfarbtöne ist chemisch schwarz, das Sie vor allem an der Kiste des Gartens der Zukunft bewundern können. Diese Naturtöne sind immer eine gute Wahl, da das Holz in hohem Maße durchscheint. Die Kisten anzumalen würde die Naturtöne in den Hintergrund treten lassen. Und vergessen Sie nicht, dass hier ja die Pflanzen die Hauptrolle spielen, und nicht die Kisten ...

1

Verschiedene Pigmente in Pulverform, erhältlich in Bastelgeschäften. Es gibt auch biozertifizierte Marken. Da diese Pigmente sehr ergiebig sind, kommt man mit einer geringen Menge aus, es reichen also kleine Produktpackungen.

2

Lösen Sie etwas von dem Pigment der gewählten Farbe in einer Schüssel mit Leinöl auf. Tragen Sie es mit einem Pinsel auf die Kiste auf. Wischen Sie sie anschließend mit einem sauberen Tuch ab.

3

Sie können Farbproben auf dem Boden einer großen Kiste vornehmen. Wischen Sie jedes Mal die Reste weg und warten Sie einige Minuten, bis das Endergebnis zu sehen ist.

4

Ist das Ergebnis noch nicht dunkel genug, können Sie eine zweite Schicht auftragen; wischen Sie jedoch die Überreste sofort wieder weg.

MINIGÄRTEN ANLEGEN

Wenn Sie schon Experte für die Kunst der Blumenkästen und Blumenampeln sind, können Sie diese Kapitel überspringen. Wenn nicht, erfahren Sie hier, wie Sie Minigärten anlegen können.

Alte Bücher über das Gärtnern sind voll mit verschiedenen Anleitungen für Topfpflanzen. Moorbeeterde wird oft erwähnt. Zu dieser Zeit waren Kamelien, Kapheide und Azaleen groß in Mode. Die meisten Pflanzen in diesem Buch haben nicht dieselben Bedürfnisse. Gute Universal-Blumenerde reicht völlig aus. Woran erkannt man gute Blumenerde? In erster Linie am Preis, da die sehr billigen Blumenerde-Sorten sehr enttäuschen: Beim Trocknen werden sie schwer wie ein Ziegelstein. Gute Blumenerde liegt weich in der Hand, wenn man zuvor durch Schütteln des Sacks die Spannung herausnimmt, und sie kehrt nach dem Zusammendrücken einer Handvoll in ihren Normalzustand zurück, wenn man die Hand wieder öffnet. Empfehlung: Haben Sie eine gute Marke gefunden, bleiben Sie ihr treu.

1

3

2

4

Gute Blumenerde wird wieder weich, wenn man sie einmal zusammengedrückt hat.

Durch die Beimischung von Puzzolan verankern sich die Wurzeln im gesamten Substrat, anstatt sich an den Wänden der Kiste auszurichten.

Da wir unter biologischen Bedingungen arbeiten wollen, haben wir einjährige Lauberde verwendet, die auf althergebrachte Art von Bio Yvelines Services in Versailles hergestellt wird, indem die toten Blätter einfach in die dortige Kompostieranlage gegeben werden. Die Blumenerde hat einen samtig schwarzen Farbton und besticht durch den Vorteil, mit der Zeit an Festigkeit zuzunehmen.

Man findet immer mehr hervorragende ähnliche Kompostsorten in den meisten Kompostieranlagen, die Grünabfälle recyceln. Eine vorhergehende Probe ist immer empfehlenswert, um die Reife der Komposterde zu testen. Für einwandfreie Ergebnisse vermischt man am besten zu gleichen Teilen diese Komposterde mit Universal-Blumenerde, um beider Vorteile miteinander zu kombinieren. Sie erhalten ein in hohem Maße, aber nicht übermäßig nährstoffreiches Substrat, das sich selbst mit Feuchtigkeit versorgen kann, sollten Sie es versehentlich nicht gegossen haben.

Wir haben Puzzolan hinzugefügt, und zwar ein Teil Puzzolan auf fünf Teile Blumenerde. An diesem in der Auvergne gewonnenen Vulkangestein können die Wurzeln hervorragend Halt finden. Mehrjährige Pflanzen für Steingärten sowie Sukkulenten lieben es ganz besonders. Verwenden Sie feineres Puzzolan (eher 4–7 mm als 6–12 mm Durchmesser), wie es für umzutopfende Kakteen erhältlich ist. Fügen Sie zu Beginn keinen Dünger hinzu.

EINE WILLKOMMENE ENTLASTUNG

Unsere ersten Versuche haben gezeigt, dass eine randvoll mit Blumenerde gefüllte Kiste schrecklich schwer ist, wenn man sie gründlich gegossen hat. Wir haben also nach einer Möglichkeit gesucht, die Kiste leichter zu machen. Dafür reicht es, die Kiste zu einem Drittel mit weniger dichtem Material zu füllen. Das erste erfolgreiche Experiment haben wir einfach mit zerkleinerten Zweigen durchgeführt, die schon etwas trocken waren. Man bekommt sie in Kompostieranlagen, aber wenn Sie einen Häcksler und regelmäßig zu schneidende Sträucher haben, können Sie auch leicht selbst an dieses Material gelangen und Zweige mit einem bestimmten Durchmesser schneiden. Wieso etwas trocken? Weil sie dann leichter sind, ganz einfach.

Eine Befürchtung im Vorfeld war, dass Schimmel das Holz befallen und auch die Kisten selber angreifen könnte. Obwohl sich Pilze durchaus ansiedeln – man bemerkt ihr Netzwerk an feinen Fäden und den charakteristischen Geruch, wenn man die Kiste ausleert –, haben wir keine Probleme damit gehabt, weder in Bezug auf die Pflanzen noch auf die Kisten.
Später hat uns auch noch ein anderes Material begeistert: Leinspreu, das in einer Schicht von ungefähr zehn Zentimetern Dicke eingefüllt wird, bevor die Blumenerde oben drauf kommt. Wurzeln können sich auch hier ansiedeln und profitieren von den Nährstoffen, die durch häufiges Gießen weitergegeben werden. Leinspreu ist in Gärtnereien und im Baustoffhandel erhältlich.

Um in der Welt der Weine zu bleiben, kann man auch Korken in der Kiste verteilen, die eine leichte, entwässernde Schicht bilden. Das hängt von Ihrem Verbrauch ab bzw. davon, ob Sie ausreichend Korken in Ihrer Umgebung finden …

1

Zerkleinerte Zweige, Leinspreu und Korken … Leichte Materialien, mit denen die Kisten zu einem Drittel gefüllt werden können.

2

Legen Sie den Boden der Kiste mit grobem, aber leichtem Material aus, wie hier z. B. mit zerkleinerten Zweigen.

3

Auch Leinspreu ist gut geeignet. Es ist problemlos in Gärtnereien erhältlich.

4

Sie können die Kiste zu einem Drittel mit dem leichten, entwässernden Substrat, Zweigen oder Leinspreu befüllen, sogar auch mehr, ohne dass es den Pflanzen schadet. Das ist kein verschenkter Platz.

5

Geben Sie zum Schluss bis zu 2 cm zum oberen Rand die Mischung aus Blumenerde und Puzzolan darauf.

6

Verteilen Sie die Schicht gleichmäßig und klopfen Sie mit der Kiste einige Male auf den Tisch, damit keine Luftlöcher entstehen.

Es ist schwierig, eine Gesamtanzahl der zu pflanzenden Blumen pro Kiste festzulegen. Bei einer Kiste für sechs Flaschen kann man von drei bis sechs Pflanzen ausgehen. Manchmal reicht auch eine einzige Pflanze. Während Sie darauf warten, dass diese an Umfang zunimmt, spricht nichts dagegen, zwei oder drei kleinere Genossen dazuzupflanzen, um die nackte Blumenerde zu verbergen. Sind es frei hängende Pflanzen, wie Pfennigkraut oder Dichondra, können sie auch bleiben.

Zu Beginn pflanzen Sie wahrscheinlich zu eng. Die Konkurrenz beschleunigt zwar den Zyklus der Pflanzen, verkürzt aber ihre Lebenserwartung. Tritt diese Situation erst nach einigen Wochen auf, entfernen Sie besser eine oder zwei Pflanzen, um den anderen wieder Luft zu verschaffen. Zu diesem Zeitpunkt ist dies noch einfach zu bewerkstelligen. Es reicht aus, das Loch zu schließen und direkt danach die Pflanze woanders einzusetzen. Es sollte ihr nichts ausmachen.

Einige kleine Handkniffe für neue Ideen

- Bevor Sie die in Blumentöpfen vorgezogenen Pflanzen in die Kisten setzen, befeuchten Sie sie, indem Sie sie einige Minuten lang in eine Schüssel mit Wasser legen. Anderenfalls können die Erdklumpen viel schlechter Feuchtigkeit durch den bloßen Kontakt mit der Blumenerde in der Kiste aufnehmen.

- Ist die Kiste vollständig bepflanzt, schütteln Sie sie in alle Richtungen und klopfen Sie mit ihr auf den Tisch oder Boden. Dies lässt die Blumenerde in der Kiste nach unten sinken und verhindert Luftlöcher. Füllen Sie gegebenenfalls von Zeit zu Zeit etwas Blumenerde nach.

- Da die Container- und Blumentöpfe gewöhnlich rund sind, bleiben kritische Zwischenräume zwischen dem Holz und den Erdklumpen. Denken Sie daran, vor allem diese Zwischenräume mit Blumenerde zu füllen, da sonst Schnecken hieraus ihre Rückzugsmöglichkeit machen. Puzzolan oder feinkörniger Kies sind hierfür ideal.

JETZT IST DIE ZEIT ZUM PFLANZEN

Diese Überlegungen gelten für junge Pflanzen, die sich in der Kiste verteilen sollen, wie die kandierten Früchte in einem gelungenen Topfkuchen. Wenn Sie gut entwickelte Pflanzen in der Blüte bevorzugen, ist die Situation eine andere. Sind sie ausgewachsen oder so gut wie, vollzieht sich ihre weitere Entwicklung nur noch in schwachem Maße. Es werden gegenwärtig immer mehr langjährige Pflanzen in großen Containertöpfen angeboten, wie z. B. Gemüse, Paprikapflanzen, die schon kleine Früchte tragen, oder auch aromatische, genussfertige Pflanzen.

Ehrlich gesagt, haben wir auch manchmal auf diese zurückgegriffen, da es einfach zu verführerisch war. In diesem Fall kann man fast dicht an dicht pflanzen. So wird die Blumenerde gut genutzt, da man nur wenige Zwischenräume füllen muss. Achten Sie jedoch darauf, dass die vorhandenen Zwischenräume bis zum Boden der Kiste reichen.
Hierfür haben wir einen Tipp: Mischen Sie in einem Eimer einen Teil Blumenerde und zwei Teile Wasser, sodass Sie eine Art Mörtel erhalten, der die Konsistenz eines flüssigen Breis hat. Füllen Sie diesen dann in die Spalten, bei Bedarf mehrmals. Mit einem Bambusrohr können Sie ihn bis zum Boden durchschieben.

1

Haben Sie sich für die in eine Kiste zu setzenden Pflanzen entschieden, arrangieren Sie sie im Vorfeld, um zu sehen, wie es aussieht. Finden Sie die beste Anordnung.

2

Topfen Sie die erste Pflanze um, ohne die Wurzeln zu berühren.

3

Graben Sie ein Loch für die Pflanze in die Blumenerde. Sie können es in den Containertopf machen, sodass Sie ausreichend Platz zum Graben haben.

4

Setzen Sie die Pflanzen auf diese Weise nacheinander ein.

5

Beginnen Sie mit der größten Pflanze und fahren Sie mit der jeweils kleineren fort. Ganz einfach.

6

Nun muss nur noch die Höhe ausgeglichen werden, indem man etwas Blumenerde an den Seiten anfüllt.

7

Klopfen Sie mit der Kiste in alle Richtungen auf den Tisch, damit die Blumenerde die Luftlöcher schließt.

MINIGÄRTEN FÜR DEN ALLTAG

Sind die Pflanzen in die Kisten gesetzt, werden sie sich rasend schnell entwickeln, was Sie vermutlich total überraschen wird. Da würde sich eine wissenschaftliche Vergleichsstudie lohnen, aber am Ende dieses Jahres des Pflanzenanbaus bin ich zu dem Schluss gekommen, dass die Wurzeln den Kontakt mit dem Holz schätzen, welches eine ausgeglichenere Temperatur im Laufe der Tage und Stunden sicherstellt. Plastik bietet diese konstante Temperatur nicht. Was Tontöpfe betrifft, so entziehen diese selbst den Pflanzen Wasser, was dazu führt, dass alle Wurzeln aneinanderkleben.

Die Pflege besteht im Wesentlichen aus regelmäßigem Gießen. Wie oft? Die Antwort ist gezwungenermaßen etwas vage, weil sie von verschiedenen Faktoren abhängt: die ausgewählten Pflanzen, die Stärke ihres Durstes, die Größe der Kisten und die Dichte der Bepflanzung, die allgemeine Situation, insbesondere die Sonneneinstrahlung und das jahreszeitlich bedingte Wetter. Im Durchschnitt reicht es, alle drei Tage zu gießen, doch bei großer Hitze ist ein Gießen alle zwei Tage, wenn nicht sogar täglich, notwendig. Dauert die Hitzeperiode an, empfiehlt es sich, die Kisten ab Mittag aus der Sonne zu nehmen. Man sollte also über verschiedene Verwahrungsmöglichkeiten verfügen, was auf einem Balkon nicht immer der Fall ist. Drücken Sie vier Spalierstangen in die Kiste und befestigen Sie oben drauf mithilfe von Wäscheklammern ein Stück Pappe oder ein altes Tuch. Nicht sehr ästhetisch, aber effektiv.

MORGENS ODER ABENDS GIESSEN?

Eigentlich gießt man immer dann, wenn die Pflanzen sehr beansprucht sind, was sich durch hängende Blätter äußert. Entgegen der gleichsam dummen wie hartnäckigen Idee schadet es den Blumen nicht, wenn man sie in der prallen Sonne gießt. Die Tropfen wirken dabei nicht als Brennglas. Doch ist es besser, die Blumen zu gießen, wenn es kühl ist, denn das ist viel angenehmer für die gießende Person! Auf jeden Fall ist der Morgen dem Abend vorzuziehen, weil die Pflanzen dann viel aufnahmefähiger sind. Die Versorgung mit Wasser ermöglicht es ihnen, die Hitze während des restlichen Tages besser auszuhalten. Gießen Sie am besten zweimal mit einem Abstand von einigen Minuten, damit die Blumenerde gut durchfeuchtet wird. Jede Kiste benötigt kaum mehr als 1 oder 2 Liter Wasser. Nach einigen Wochen, wenn die Pflanzen sich so weit entwickelt haben, dass sie fast über den Rand ragen, tritt ein merkwürdiges Phänomen auf. Die Wurzeln besiedeln das gesamte Substrat, das eine kompakte, schwer zu wässernde Masse bildet, da das Wasser nicht die notwendigen Zwischenräume durchdringen kann. Es versickert ungenutzt nach außen. Die Sache ist einfach: Nehmen Sie das Problem selbst in die Hand und drücken Sie mit einem Finger bis zum ersten Fingerglied vier oder fünf Löcher in die Erde, damit das Wasser sich seinen Weg bahnen kann. Wenn Sie nicht den Finger benutzen wollen, nehmen Sie ein Bambusrohr. Sie können die ersten Wurzelballen schräg durchstechen. Sorgen Sie sich nicht über beschädigte Wurzeln, sie bilden sich rasch neu. Der positive Effekt dieser Maßnahmen zeigt sich in den nächsten Tagen mit einer gesteigerten Blätter- und Blütenentwicklung.

1

Zum Gießen verwendet man eine Gießkanne. Schieben Sie die Blätter leicht zur Seite, damit das Wasser an die notwendigen Stellen gelangt, in Höhe der Wurzeln.

2

Haben Sie viele Kisten, empfiehlt sich ein Schlauch mit Brausekopf für sanftes Gießen. Zählen Sie während des Gießens kleiner Kisten langsam bis 10 und bei großen bis 20.

3

Sollten Sie feststellen, dass die Pflanzen nicht vom Gießen profitieren und kurz vorm Verdursten sind, ist es Zeit, die Erde an mehreren Stellen zu durchlöchern. So kann das Wasser die Erde vollständig befeuchten.

4

Das passiert, wenn Sie einen Hohlraum zwischen den Wurzelballen und den Ecken der Kisten lassen: Eine hungrige Kolonie Bauchfüßler stellt sich ein!

5

Um die Hohlräume in den Winkeln der Kisten zu füllen, erstellen Sie einen Brei, mit dem Sie die Erde verwässern.

6

Geben Sie diesen Brei löffelweise bis zum oberen Rand in den Hohlraum.

WELCHEN DÜNGER?

Die für jede Pflanze verfügbare Substratmasse ist gering: kaum einige Liter. Regelmäßiges Gießen führt dazu, dass die Nährstoffe sich auflösen und somit nach wenigen Wochen fehlen. Gärtner greifen auf Düngersorten mit Bezeichnungen zurück wie „verzögert“ oder „langsame Freisetzung“, die die Mineralsalze erst nach und nach freisetzen. Dies sind ganz kleine Kügelchen, die man oft auf Containertöpfen sieht. Man sollte sie nicht mit Schneckeneiern verwechseln. Was uns betrifft, haben wir einen organischen Bio-Dünger für Gemüse verwendet. Er ist nicht in kleinen Einheiten erhältlich, sondern nur in Säcken mit 20 kg, und auch nicht überall. Das ist sehr schade, denn es handelt sich um einen hervorragenden Dünger, der den Vorteil hat, die Pflanzen nicht zu verbrennen. Streuen Sie ungefähr eine Handvoll um jede Pflanze und gießen Sie sie direkt im Anschluss.

Der Vorteil dieser kleinen organischen Düngerkügelchen besteht darin, dass man sie nicht überdosieren kann und die Wurzeln nicht verbrennen. Außerdem Algen und Dung, es gibt nichts Besseres! Sie können einmal pro Monat ungefähr eine Handvoll pro Pflanze ausbringen.

ZUSÄTZLICHE PFLEGETIPPS

Wenn Sie die Pflanzen gießen, wenden Sie auch etwas Zeit auf für das Entfernen welker Blumen und fleckiger Blätter. Diese sind das erste Anzeichen von Pilzen. Gebieten Sie ihnen Einhalt!

Diese einfache Maßnahme ist am effektivsten, um den Befall begrenzen. Dennoch, Hand aufs Herz: Der Mehltau hat die Kisten mit den Tomaten verwüstet, welche nur überlebt haben, weil wir mehrmals mit Kupfer nachgeholfen haben.

Verwechseln Sie nicht den Befall durch Schmetterlingsraupen (linkes Bild) mit Schneckenbefall. Läuse hingegen nisten sich oft auf der Rückseite der Blätter ein, wie man auf dem anderen Blatt sieht. Chinakohl ist definitiv eine problematische Pflanze!

Beschneiden Sie die Pflanzen einmal pro Woche. Entfernen Sie welke Blumen, damit sich kein Unkraut bildet, welches das Wachstum behindert. Schneiden Sie auch kranke Blätter ab.

Es empfiehlt sich, bei dieser Methode zu bleiben, da man je nach Jahreszeit Änderungen vornehmen und so mehrfach für Überraschungen sorgen kann. Wenn eine Pflanze nicht mehr schön ist und alles gegeben hat oder wenn ein Gemüse reif für die Ernte ist, zögern Sie nicht: Entfernen Sie sie aus dem Arrangement. Dies erfolgt mithilfe eines Pflanzholzes, indem man die Pflanze am Wurzelansatz herauszieht, während die Erde am Boden festgehalten wird, damit die benachbarten Pflanzen nicht mit herausgezogen werden.

Der freie Platz kann für noch nicht ausgewachsene Pflanzen genutzt werden. Springt diese leere Stelle zu sehr ins Auge, können Sie auch einen Neuzugang einsetzen. Die Gärtnereien haben das ganze Jahr über ein breites Angebot. Innerhalb kürzester Zeit bildet sich das Arrangement mit neuen Farben.

1

Gibt eine Pflanze den Löffel ab, ziehen Sie sie mithilfe eines verlängerten Pflanzholzes aus der Erde, wie hier abgebildet. Stechen Sie dieses um den Wurzelballen herum in die Erde.

2

Ziehen Sie zum Schluss den Wurzelballen heraus, ohne dass die umliegenden Pflanzen in Mitleidenschaft gezogen werden.

3

Setzen Sie eine neue Pflanze ein, um die leere Stelle zu schließen.

Die Oceanobox in zwei Ausführungen, blau und rot: Das Männertreu wurde einfach durch ein Edellieschen ersetzt.

Auf geht's zur Kistentour

Eine unserer Lieblingskisten haben wir besonders gestaltet. Die enge Radroute schlängelt sich zwischen kleinblättrigen Bäumen aus Basilikum, die man von ihren Stämmen befreit hat. Ringsherum sind die Böschungen mit Feldthymian, Steinbrech und anderen teppichbildenden Pflanzen bewachsen. Gilles hat zwei Kartonstreifen an beide Seiten der Strecke gelegt und dann Sand darübergestreut, bevor er die kleinen Figuren dazugesetzt hat.

Gillou

Riton und Nanard

Auf die englische Art

Mit der Erfindung der Blumenkörbe haben die englischen Gärtner die Kunst, Pflanzen in einem Behälter geringer Größe zusammenzustellen, auf die Spitze getrieben. Die nachfolgenden Kisten sind eine Hommage an ihre gärtnerische Fantasie.

Wenn man bis in die 80er Jahre Pflanzen sehen wollte, die über das Normale hinausgingen, waren Pilgerreisen nach England geradezu obligatorisch. Ein Besuch der renommierten Chelsea Flower Show in London reichte aus, um den französischen Blumenliebhabern, die genug davon hatten, an ihren Marktständen nur Studentenblumen und Petunien vorzufinden, den Kopf zu verdrehen. Mit der weitflächigen Einführung von Pflanzenfesten und dem Einzughalten einer neuen Generation an Gärtnern – und vor allem Gärtnerinnen, vielen Dank, verehrte Damen! – hat sich die Lage auf dieser Seite des Ärmelkanals vollständig geändert.

IM GLÜCK DER BLUMENAMPELN

Das Phänomen nahm noch zu, als die städtischen Gärtner dazukamen, die nach Punkten bei den Blumenwettbewerben in den Städten und Dörfern lechzten: Sie vermehrten die Gelegenheiten, üppig blühende Blumenampeln auf allen verfügbaren Geländern zu platzieren, um ein Vielfaches, ohne unschuldige Laternenpfähle außen vor zu lassen und ohne sich manchmal über den Zusammenhang im Klaren zu sein ... Ihnen sei verziehen, denn ohne diese Aktionen wären unsere Städte im Sommer schrecklich grau geblieben. Die Tatsache, dass man anstelle der ewigen Geranien überall Duftsteinrich, Männertreu und Prunkwinden in Kaskaden herunterranken sieht, hat die Motivation der Gärtner entfacht und den Verkauf angekurbelt.

OBERSTES GEBOT: TRAUEN SIE SICH!

Um es den Briten gleich zu tun, geben Sie Pflanzen mit dekorativen, beispielsweise silberfarbenen, purpurroten oder goldenen Blättern, den Vorzug. Diese haben das Zeug dazu, bunte Blumen in Szene zu setzen, eine überraschender als die andere. Mit dieser Grundeinstellung kann man sich alles trauen: Da die Kisten dazu dienen, aus der Nähe bewundert zu werden, kann man sich ebenso sehr über die große Wirkung amüsieren. Das ist also eine traumhafte Gelegenheit, sich mit zweifarbigen Blumen wie den neuartigen Elfenspiegelsorten und den Zauberglöckchen über die Eigenarten der englischen Bonbons zu amüsieren.

Cosy box

Eine kleine Kiste für 6 Flaschen reicht für die Unterbringung von vier Pflanzen. Das entspricht einem Blumenkasten, nur eben kompakter. Die Wahl der Blumen konzentriert sich auf Hängepflanzen, die an der Kiste herunterranken. Vor allem die Purpur-Trichterwinde springt ins Auge, die hier den Ton angibt.
Wieso cosy? Weil jetzt nur noch ein Spitzendeckchen und Scones fehlen, um zur Teezeit verträumt die Kiste zu betrachten.

Old Lady

Bei der Suche nach neuen Farbtönen erhalten die Pflanzenzüchter manchmal verdammt künstliche Nuancen. Wenn man diese Blumen in die aus der Nähe zu betrachtenden Arrangements einfügt, die nichts mit einem gewöhnlichen Garten zu tun haben, wird ihre eigentümliche Art mit einem Mal ganz und gar akzeptabel. Der natürliche Aspekt des Holzes trägt erheblich zur allgemeinen Harmonie bei.

Duftsteinrich (oder Lobularia) „Snow Princess"

Diese Sorte mit vielen Ablegern ist teurer als gemusterter Duftsteinrich, trägt jedoch viel mehr Blüten, sodass sich die Frage nach der Wahl gar nicht erst stellt! Der Grund dafür liegt darin, dass sie als vegetative Pflanze keine Samen produziert.

Calibrachoa

Unter dem Namen Zauberglöckchen auf den Markt gebracht, halten sich diese Miniatur-Verwandten der Petunien recht lange in Regionen mit atlantischem Klima … oder wenn der Sommer ins Wasser gefallen ist. Ein kleiner Trost.

Sommerelfe

Dieses Sortiment umfasst viele aufregende Farbtöne, u.a. auch diese Kombination, Mango genannt, die genau wie ein englisches Bonbon aussieht. Leider übersteht sie nur selten die erste Hitzewelle Ende Juli. Machen Sie einfach Platz für eine andere Blume und eine andere Emotion.

Weiße Fächerblume

Obwohl die weiße Fächerblume genauso blütenreich und langlebig ist wie die Sorte mit dem klassischen, lebhaften Blau, ist sie erstaunlicherweise weniger verbreitet. Lassen Sie sie nie ganz austrocknen, da sie sich nicht davon erholen wird. Sie sollte regelmäßig gedüngt werden.

Prunkwinde „Blackie"

Diese Süßkartoffel mit nahezu schwarzen Blättern beeindruckt bis in den Herbst. Obendrein ernten Sie im Oktober eine schöne rosafarbene Süßkartoffel, die vollständig essbar ist. Sie können sie auch aufbewahren und im nächsten Frühjahr wieder aussäen, wie man es bei Dahlien macht.

TIPPS VON JEAN-PAUL

Um aus der gesamten Bandbreite an Farbtönen wählen zu können, sollten Sie nicht zu lange zögern: Ab Mitte Mai sind die aufregendsten Sorten schon verschwunden.

Kommt es Anfang August bei der Blüte zum Stillstand, schneiden Sie mit einer Küchenschere die Büschel um die Hälfte zurück. Düngen Sie mit verdünntem Geranien-Dünger. Kommt keine Besserung nach zwei Wochen, müssten die Blumen ersetzt werden.

Zauberglöckchen

Cottage

EINFACH
•
ÜPPIGES WACHSTUM
•
4 MONATE

TIPPS VON JEAN-PAUL

Um schon zu Ostern etwas Farbe hinzuzufügen, geht nichts über die Hundskamille. Diese Sorte mit rosa Blüten hat etwas später einer anderen Blume Platz gemacht.

Sorgsam ausgesuchte Kräuter ergänzen sich hervorragend mit Jahrespflanzen zu einer Atmosphäre wie in einem Klostergarten, wie zum Beispiel Oregano, Bergminze und der buntblättrige Echte Salbei. Pflanzen Sie sie in einem Winkel an, damit sie üppig über den Rand der Kiste wachsen können.

Als wir diese Kiste gestaltet haben, fanden wir diese Bilder schon etwas kitschig, bei denen ein Cottage unter den Blumen zu verschwinden scheint. Egal, welche es sind: eher ruhige Landblumen als Gewinner von Wettbewerben oder Raritäten vom Ende der Welt. Diese Kiste hat sofort ihre Wirkung erzielt, mit weniger als acht Pflanzen, das stimmt. Einen Monat später hat die Bepflanzung sich verdoppelt, ohne an Eleganz zu verlieren, ganz im Gegenteil. Die Stängel der Natternköpfe und Reseda haben sich weiterentwickelt und bilden eine ideale Stütze für die Zwergwicken. Diese fügen nun also auch eine Duftnote dem Arrangement hinzu. Zu ihren Füßen blüht unerschütterlich die weiße Wolfsmilch „Diamond Frost“.

Austernpflanze
Unter den aromatischen Pflanzen ist die Austernpflanze zu finden. Ihre Blätter sind blaugrün, und ihre blauen Blüten verdienen einen Abstecher. Probieren Sie ein Blatt: Erstaunlich, nicht wahr, dieser leichte Geschmack nach Austern!

Natternkopf „Blue Bedder“
Diese Blume blüht nahezu drei Monate lang! Die blauen Blüten des Natternkopfes sind sehr bei Bienen beliebt. Blauer Salbei kann ab Juli seinen Platz einnehmen, es sei denn, Sie möchten lieber das Ende des Sommers abwarten, um einen blauen Enzian einzupflanzen ...

Rotblättriges Silberglöckchen „Palace Purple“
... oder eine seiner zahlreichen Varianten, unter denen einige fast schwarz sind. Im Herbst können Sie das Büschel teilen und an gute Freunde verschenken.

Reseda
Eine in vergangenen Zeiten wegen ihres pudrigen Duftes sehr geschätzte Blume. Sie muss ausgesät werden, da sie keine vegetative Pflanze ist. Sie wird für Begeisterung sorgen, wenn Sie sie verwöhnen!

Mehrfarbiger Garten-Günsel „Burgundy Glow“
Dieser dreifarbige Günsel windet sich durch andere Pflanzen, ohne sie im zu stören. Er wuchert nicht so stark, sodass er manchmal zwischen den anderen Pflanzen verschwindet.

Zwergwicke „Tom Pouce“
Der ganze Charme der Zwergwicke, aber nur bis zu einer Höhe von 40 cm. In diesem Arrangement klammert sie sich am Natternkopf fest. Entfernen Sie die Schoten während der Reifezeit, damit die Wicke länger blüht.

Der Sommer ist vorbei. Vorne hat das Zwerg-Ehrenpreis kaum einen Monat lang geblüht, aber seine rötlich gefärbten Blätter sind weiterhin dekorativ. Die weiße Wolke der Wolfsmilch kommt zur Geltung, während eine Austernpflanze, die den Platz des Natternkopfes eingenommen hat, sich mit ihren lindgrünen Blättern einschmeichelt.

Too much

Wieso heißt dieses Arrangement „Too much" (zu viel auf Englisch)? Ehrlich gesagt ist die Zusammenstellung solcher Farben eine Stilübung. Alles geht von einem korallfarbenen Elfensporn aus. Um sie zur Geltung zu bringen, helfen purpurfarbener Günsel und ein karamellfarbenes Silberglöckchen. Da das noch nicht ausgereicht hat, wurde ein hellblaues Männertreu und eine immergrüne Zwerg-Geranie mit rosafarbenen und leicht karminrot gestreiften Blüten hinzugefügt. Jedoch fehlte eine dichte Note, die durch einen Elfenspiegel erreicht wurde. Mehr british geht nicht.

TIPPS VON JEAN-PAUL

Es kommt vor, dass eine Blume nicht so lange durchhält wie ihre Nachbarn. Sind jedoch die Blätter dieser Blume noch ansehnlich, dienen sie als Schmuck. Dies gilt für die immergrüne Zwerg-Geranie.

Im Gegensatz dazu haben sich blütenreiche Jahrespflanzen wie die Wicke in der Bildung von Samen erschöpft. Ist ihre Hochzeit vorbei, empfiehlt es sich, sie zu ersetzen.

Wie man sieht, ergänzt sich das Arrangement Too much sehr gut mit Cottage (siehe Seite 34). Was gibt es Schöneres, als die ganzen Theorien über die Kombination von Farben über Bord zu werfen … Es stimmt, dass es eher um Blätter als um Blüten geht. Das Silberglöckchen trägt bis zur Perfektion dazu bei und sichert die Ansehnlichkeit des Arrangements bis in den Herbst, auch wenn man seine Genossen austauschen muss.

1 Elfenspiegel „Berries & Cream“
Man kann auch Beeren mit Creme, wahrscheinlich Blaubeeren, dazu sagen. Eine ansprechende, erfrischende Farbzusammenstellung mit Mehrarbeit. Gehen Sie nicht von mehr als drei Monaten Blütezeit aus, und das auch nur selten.

2 Immergrüne Geranie
Je nach Art blüht sie zwei Monate, wie z. B. hier der Blutrote Storchenschnabel „Elke“, oder auch länger, wenn man sich für den Storchenschnabel „Rozanne“ entscheidet, der doppelt so groß wird. Auf jeden Fall empfiehlt es sich, sie nach dem ersten Blühen zurückzuschneiden.

3 Orangefarbener Elfensporn „Flirtation“
Sie hat einen ursprünglicheren Koralle-Farbton und sich in der Zeit vortrefflich gemacht. Für eine zweite Blüte schneiden Sie sie im Sommer auf die Hälfte zurück, die sich bis Oktober hält, wenn Sie mit Geraniendünger oder verdünnter Brennnesseljauche düngen.

4 Mehrfarbiger Garten-Günsel „Atropurpurea“
Direkt nach der Blüte in Blau im Mai/Juni bildet dieser Günsel Triebe, die mit Anmut herunterfallen. Lassen Sie den Günsel nicht Durst leiden. Man kann ihn leicht vervielfältigen, indem man Ableger ablöst und separat einpflanzt.

5 Silberglöckchen „Caramel“
Jedes Jahr kommen neue Silberglöckchen-Sorten mit Farben nahe an Orange auf den Markt. Sie fühlen sich im Halbschatten am wohlsten, wohingegen die Nachmittagssonne sie versengen kann.

Golden beauty

AUSGEFALLEN • HALBSCHATTEN • MAX. 3 MONATE

TIPPS VON JEAN-PAUL

Eine oder zwei Hängepflanzen sind für eine mittelgroße Kiste ausreichend. Die Wurzeln breiten sich sehr aus!

Warum hassen manche Menschen gelbe Blumen, ohne sich darüber im Klaren zu sein, dass ihnen da etwas entgeht?

Vor allem, wenn der Himmel enttäuschend grau bleibt, wie es in manchen Sommern vorkommt. Die zartblaue Laurentia bildet im Mittelpunkt des Arrangements den notwendigen Gegensatz, damit dies nicht zu fade wirkt. Die Mühlenbeckie bietet einen grünen Saum, eine Aufgabe, die sie sehr gut ausführt.

Um alle Register der Hängeampel zu ziehen, reicht es, die Kiste auf eine andere derselben Größe zu stellen, in deren Ecken man zuvor große Holzleisten geklebt hat. Für mehr Stabilität füllen Sie auch die untere Kiste und bepflanzen Sie sie mit Blumen, die Schatten gut vertragen können, wie z. B. Minze oder buntblättriger Efeu.

Lakritz-Strohblume
Als herkömmliche Sorte silber- oder goldfarben („Limelight"), ist die Strohblume die schönste in den Kisten. Sie wächst allmählich nach außen, ohne ihre Nachbarn zu stören, wobei sie ab und zu zurückgeschnitten werden sollte.

Fächerblumen
Die Ungezwungenheit der Fächerblume, die blau und gelb blüht, stellt eine gute Portion Charme in diesen beiden Arrangements sicher, wobei sich die gelbe Sorte bisweilen als etwas zäher erweist.

Drehfrucht
Ihre prallen und flauschigen Blätter bringen ihre Blütenkronen an den sehr feinen Stängeln so sehr zur Geltung, dass sie zu fliegen scheinen. Wenn Sie die Kiste auf die Terrasse stellen, blüht diese Drehfrucht auch noch im November!

Laurentia
Wenn Sie sich bei Laurentia für Schnitt- und nicht Freilandsorten entscheiden, haben Sie die Sicherheit einer Blüte bis ins neue Jahr und zusätzlich einen leichten Lindenduft.

Gelbes Zauberglöckchen
In der gesamten Farbpalette der Zauberglöckchen ist gelb die beständigste Farbe, was ihre Blütezeit angeht, mindestens das Doppelte im Vergleich zum roten Zauberglöckchen. Das muss man ausnutzen. Wenn seine Blätter im August verblassen, ist das der Anfang vom Ende. Ein Zwerg-Alpenveilchen kann es ersetzen, um etwas Abwechslung hineinzubringen.

Blue sky

Unsere Nachbarn jenseits des Ärmelkanals sind wahre Meister in der Kunst der Blumenampeln, hanging baskets auf Englisch. Das Geheimnis eines ansprechenden Arrangements liegt in der Auswahl der Hängepflanzen, die etwas Fließendes und Natürliches hinzufügen. Wir lassen jedoch Surfinia und Harfensträucher beiseite, die zu imposant und vereinnahmend sind. Die silbernen Blätter lassen hervorragend die blauen Blüten hervortreten, auch wenn sie inmitten des Grüns etwas untergehen.

Kaskaden

Einer der Vorteile von Weinkisten ist die Möglichkeit, dreidimensionale Arrangements zu erstellen. Einige leere Kisten reichen aus, um andere blühende Kisten zur Geltung zu bringen. Das Ganze ist erstaunlich stabil. Durch das Wechselspiel zwischen vollen und leeren Kisten entsteht eine eigene Dynamik. Machen Sie es gegebenenfalls mit einer dominierenden Farbe nach, hier ist es blau. Wir hatten zum Glück eine weitere kaskadenartig fallende Pflanze, den Silberregen, der das Arrangement visuell verbindet. Denken Sie beim Kauf daran, und nehmen Sie zwei oder drei Exemplare solcher Pflanzen mit.

TIPPS VON JEAN-PAUL

Drehen Sie das Arrangement von Zeit zu Zeit, um die Perspektive zu ändern und alle Blumen sehen zu können, die bis zu dem Zeitpunkt nicht im Blickfeld waren.

Hängendes Männertreu (Lobelia)
Stammgast bei den englischen Hängepflanzen, nicht zu verwechseln mit dem Zwerg-Männertreu, das kugelförmig wächst. Wenn die Blüte im August zurückgeht, helfen eine kleine Rasur mit der Schere und etwas Dünger. Aber etwas Glück gehört dazu, ein Erfolg ist nicht garantiert.

Kleinblütige Zweikornwinde „Silver Falls“
Ursprünglich kriechend, gehört diese Pflanze japanischer Herkunft zu derselben Familie wie die Winde. Sie entwickelt schöne, silberfarbene Kaskaden mit einer üppigen Blüte. Sie sind langlebig genug, um auch milde Winter zu überstehen.

Angelonia
Mit ihren sich immer weiter verlängernden Ähren bildet diese südamerikanische Pflanze einen perfekten Gegensatz zu herabhängenden Kaskadenpflanzen. Purpur ist ihre vorherrschende Farbe, aber es gibt sie auch in den Farbtönen lavendelblau und weiß.

Roter Dreiecksklee
Diese kompakte Kleesorte bildet ein kleines Büschel aus Blättern, die dem Sauerklee ähneln, aber ein samtiges Purpur aufweisen und im Sommer durch zartrosa, niemals zahlreiche Blüten aufgelockert werden. Dieser Klee sollte nur der Morgensonne ausgesetzt werden, da seine Blätter sonst an Eleganz verlieren. Sollten sie doch verbrennen, schneiden Sie alle Blätter ab, damit er nach einigen Wochen neue entwickeln kann.

TIPPS VON JEAN-PAUL

Sorgen Sie für Stabilität dieser Arrangements: Einige angeschraubte Haltewinkel sind sehr nützlich. Beschweren Sie auch die Kisten, die den Sockel bilden, indem Sie sie mit Puzzolan oder Kies füllen.

Im Königreich von Milady

Jemand musste es wagen, und sie haben es gemacht! Die einfache Anordnung von sechs „englischen Kisten" hat dieses schöne Arrangement ermöglicht. Im Grunde steht nur eine der Kisten auf einer anderen leeren Kiste, die umgedreht wurde. Mit diesem Trick bewirkt man Struktur in der Anordnung. Das Ganze beansprucht etwas mehr als einen Meter in der Länge und 60 Zentimeter in der Breite und bietet ungefähr 30 verschiedenen Pflanzen Platz. Wer bietet mehr? Das Holz der Kisten stellt eine schöne Homogenität des Arrangements sicher. Ganz das Gegenteil von dem Blumenkasten-Sammelsurium aus Plastik und Ton, das man so oft auf den Balkonen und Terrassen sieht.

TIPPS VON JEAN-PAUL

Ändern Sie ab und zu die Anordnung des Arrangements, um etwas Abwechslung hineinzubringen, nämlich indem Sie es z. B. in Form eines L oder U anordnen.

Schützen Sie diesen Minigarten mit einem Sonnenschirm vor der heißen Nachmittagssonne. Dies verlängert die Blüte enorm und verhindert, dass bestimmte Farbtöne in der Sonne verblassen. Außerdem müssen Sie nicht so oft gießen.

Oceanobox

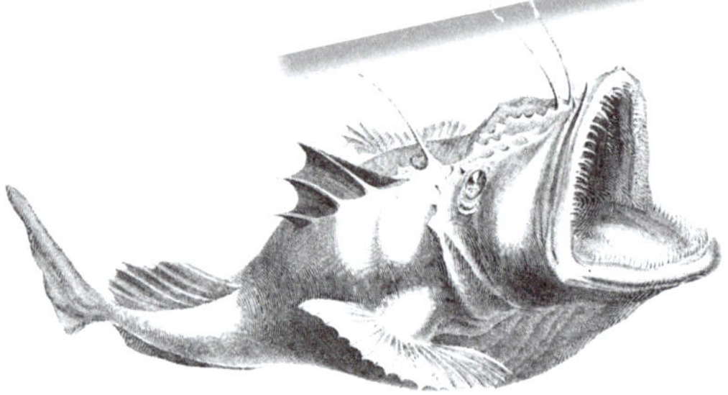

Auch die große Tradition der englischen Seefahrt kann man mit Minigärten feiern. Zu Beginn ein Geheimtipp: Männertreu Richardii, prächtige Blüten mit einem tiefen Blau wie der Marian-nen-graben. Sie werden jedes Frühjahr erneut angeboten, um Blumenkästen und Hängeampeln auszustatten. Gewiss ist das Männertreu teurer als die Zwerg-Lobelie, aber das Beste kommt zum Schluss: Die biegsamen Stängel entwickeln sich ganz plötzlich, bevor Blumenkronen sie bedecken, die zu fließen scheinen.

Das ist das Blau des Ozeans. Um Korallen nachzubilden, greifen wir auf eine merkwürdige Pflanze zurück, das Silberkörbchen. Nun müssen nur noch die Fische, bemalt und ausgeschnitten von Gilles, an Nylonfäden nahezu unsichtbar aufgehängt werden. Ergebnis: Beim geringsten Luftzug hat man den Eindruck, dass sie frei herumschwimmen.

ELEGANT • SPEKTAKULÄR • MAX. 3 MONATE

Silberkörbchen
Diese ursprünglich aus Australien stammende, künstlich aussehende Pflanze besetzt dieselbe ökologische Nische wie die Italienische Strohblume, die an Stränden wächst. Sie ist also schon perfekt an die Küstenlandschaft angepasst. Ihre silbergrauen, nahezu weißen Blätter ahmen die Gischt bis zur Perfektion nach, deren Leichtigkeit eingeschlossen.

TIPPS VON JEAN-PAUL

Das Silberkörbchen hält Temperaturen bis – 5°C aus. Bei größerer Kälte halten Sie es in der Garage, bis es wieder wärmer wird. Während des Winters nur spärlich gießen.

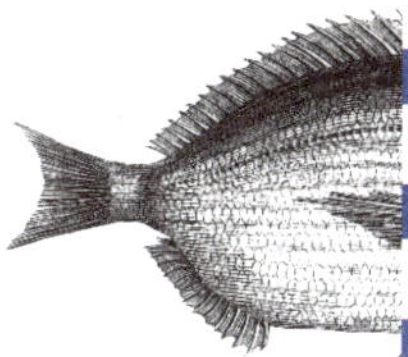

Schwerer Schlag: Das Männertreu hat den Juli nicht überlebt. Als ob es vertrocknet wäre, obwohl die große Hitze ausblieb. Zu viel Wasser vielleicht ... Wir haben es durch ein Edellieschen ersetzt, und das ist neu aufgeblüht, aber Kursänderung: Tauchen im Roten Meer! Eine Torfmyrte mit karminroten Bäuschen in Begleitung einer Zwerg-Silberraute haben das Arrangement ergänzt. Eine wahre Freude bis zum Frost.

Zu den Pflanzen, die an Korallen erinnern, gehören auch die Sukkulenten und die entzückende zwergige Silberraute „Nana" – so zart, dass man sie streicheln möchte. Kies um die Pflanze tut ihr gut und verstärkt den Eindruck, am Meer zu sein.

Mini-Feinschmeckertöpfe

Es scheint ein unmögliches Unterfangen zu sein, Gemüse auf einer Fläche anzubauen, die so klein wie eine Weinkiste ist. Aus Erfahrung kann ich Ihnen garantieren, dass die Ergebnisse Ihre Erwartungen übersteigen werden. Stellen Sie sich die Gesichter Ihrer Freunde vor, wenn Sie mit so einer Kiste auf den Armen bei ihnen vor der Tür stehen!

Einen Teil seines Gemüses selbst anzubauen, entspricht dem Zeitgeist. Die Freude, alles gedeihen zu sehen und zu ernten, ist unvergleichlich, von dem ursprünglichen Geschmack ganz zu schweigen, vor allem im Rohzustand.

Ist dieses Ziel ausschließlich den glücklichen Gartenbesitzern vorbehalten? Um der Wahrheit willen muss man diese Frage mit ja beantworten und hinzufügen, dass der Garten recht groß sein und man viel Zeit haben muss. Während zu früheren Zeiten auch viereckige Gemüsegärten oder auch Lasagnegärten üblich waren, denke ich trotzdem, dass man intensiven Anbau und Umweltbewusstsein gut miteinander vereinen kann, ohne die Familie und Entspannung zu vernachlässigen. Vor allem kommt es darauf an, nicht das Unmögliche im Blick zu haben, wie zum Beispiel das ganze Viertel mit den Erträgen eines Balkons zu versorgen.

Echtes Gemüse

Eine Weinkiste ist schon klein. Erntet man dann auch Mini-Gemüse? Mitnichten, aber man muss eine Auswahl treffen und sich mit dem gewissen Etwas in seinen Gerichten begnügen, die alles verändern: wohlschmeckende Blätter in einem Blattsalat, Estragonstängel in einer Vinaigrette und eine (kleine) Schüssel Kirschtomaten für den Aperitif. Es ist auch eine gute Gelegenheit, Kinder an die Gemüsekultur heranzuführen, indem man ihnen einen Gemüsegarten entsprechend der jeweiligen Größe und den individuellen Interessen zuteilt, in dem sie jeden Tag die Evolution verfolgen können. Dass man nur zwei Tomatenstöcke hat und nicht 20, ändert nichts an den Begeisterungsstürmen hierüber.

Kisten zum Probieren

Auch wenn Sie bereits über einen intakten Gemüsegarten verfügen, ist gegen einige Weinkisten nichts einzuwenden, um neue Möglichkeiten zu testen oder Aussaaten außerhalb der Reichweite von Schnecken voranzubringen, da sie in der Höhe auf einem Tisch auf der Terrasse platziert werden. Dieser Schutz ist maßgeblich für asiatisches Gemüse, da ihre zarten Blätter bevorzugte Beute der Gastropoden sind. Eine einfache Glasscheibe auf dem Kasten reicht aus, um ein erstklassiges Treibhaus zu erhalten.

Diät auf kretische Art

Eine frühlingshaft anmutende Kiste voller Energie mit essbaren Pflanzen, die nahezu ihren wilden Charakter bewahrt haben: Portulak, Rucola, Blattsalat ... Sie können so Blätter ernten, die Ihren Mischsalaten einen herzhaften Biss verleihen, ohne Nähr- und Ballaststoffe außer Acht zu lassen – kurzum, die Grundlage für eine auf die Rückkehr zur Natur basierenden Diät.

Nach einigen Wochen dominiert die Pimpernelle das Arrangement mit ihren vorwitzigen, karminroten Blüten. Geizen Sie dann alle Pflanzen aus, um das Wachstum neuer zarter Blätter zu fördern.

TIPPS VON JEAN-PAUL

Es sind fertige Samenmischungen erhältlich, die Pimpernelle, Blattsalat, Gartenkresse, Rucola, und manche sogar etwas Rotkohl und Schnittlauch, enthalten. Säen Sie ungefähr eine kleine Handvoll auf die gesamte Fläche der Kiste. Die erste Ernte ist nach ca. sechs Wochen möglich.

Pimpernelle
Fein gehackt, erinnert der Geschmack ihrer Blätter an Gurke. Einem Mischsalat verleiht sie eine kräftige Note, noch besser schmeckt sie auf zu weißem Käse.

Wilder Rucola
Die kleinen Büschel der jungen Blätter, die aus den Gelenken der großen sprießen, sind absolut essbar, was ein Vorteil gegenüber dem Kultur-Rucola darstellt, der viel schneller hart wird.

Goldblättriger Portulak
Sieht Unkraut zum Verwechseln ähnlich. Der Geschmack ist nicht besonders, aber schön knackig und leicht säuerlich.

Eisperlensalat
Er mag die Sonne und auch regelmäßiges Gießen. Eisperlensalat treibt sehr schnell, während er elegant an der Kiste herunterragt. Ernten Sie ihn Blatt für Blatt.

Schnittsalat „Eichenblatt"
Nährstoffreich, neuerdings in Schalen im Handel erhältlich. Einige Blätter reichen aus, um einen Eiersalat mit Kirschtomaten zu verfeinern.

Die Kresse als Stargast

EINFACH • DICHTE STRUKTUR • KURZLEBIG

Eine Verbesserung rund um die Kresse mit ein bisschen Rucola, mal nicht vom Markt. Das Ganze ist dermaßen reich an Vitaminen, das können Sie sich kaum vorstellen. Super, um einen Salat geschmacklich zu optimieren oder eine einfache Lauchsuppe aufzupeppen. Veilchen bringen noch etwas Farbe ins Spiel. Eine solche Kiste kann im Frühjahr und im Herbst zusammengestellt werden.

Erneuern Sie die Kressesamen alle 14 Tage ab Anfang März bis in den Mai. Warten Sie dann das Ende des August ab, da Kresse große Hitze nicht verträgt.

Ein ganz zartes Stiefmütterchen
Die Blütenblätter des Veilchens sind essbar und setzen im Mund ein sehr leichtes Veilchenaroma frei.

Zwei Kressesorten treffen aufeinander
Die amerikanische Winterkresse (links) und die Gartenkresse (rechts) sind sehr genügsam, wie die Echte Brunnenkresse. Etwas Erde reicht ihnen, um zu gedeihen. Doch wollen sie oft gegossen werden.

Gurke auf russische Art

ÜPPIG • ANSPRUCHSVOLL • MIN. 4 MONATE

In einer für 12 Flaschen konzipierten Kiste hat sich eine Gurkenpflanze perfekt entwickelt, ohne die Unterstützung eines Weidengeflechtes zu benötigen. Um sie herum verbreitet der Dill seinen intensiven Duft. In Osteuropa sind seine feingehackten Blätter unverzichtbare Begleiter für Gurken. Ein gelbes Zauberglöckchen bildet die perfekte Ergänzung zu diesen zwei Stargästen.

TIPPS VON JEAN-PAUL

Der schlimmste Feind der Gurke ist ein Pilz, der Mehltau, der die Blätter mit einem Film besetzt. Einfache und wirksame Abhilfe: Lösen Sie einen Teil Milch in neun Teilen Wasser auf, rühren Sie um und spritzen Sie es morgens auf und unter die Blätter. Wiederholen Sie diese Prozedur eine Woche später.

Alle hier vorgestellten Gurkenpflanzen, gewöhnlich Hybridpflanzen, sind für das Einpflanzen in Kisten geeignet. Es gibt Gurkenpflanzen mit kleinen Früchten, die sich für kleine Zwischenmahlzeiten eignen, und auch das Gegenteil, nämlich die Gurke Long de Chine, die bis zu 30 cm lang werden kann. Da sie recht dünn ist, ist sie sehr gut zu verdauen.

Dill

Obwohl er auch fein ist, unterschieden sich die Blätter des Dills erheblich von Gurkenblättern. Pikieren Sie auf gut Glück einige Blumentöpfe. Schwächlich wirkende Pflanzen werden sich erholen und nach einigen Wochen wieder anfangen zu blühen, nämlich als gelbe Dolden in ihrer schönsten Pracht. Lassen Sie eine oder zwei vollständig reifen, um die Samen abzuernten.

Gelbes Zauberglöckchen

Warum noch eine Blume? Als Blickfang, aber auch, um nicht das Gießen zu vergessen. Sie ist ein gutes optisches Signal: Denk' an mich! Obwohl sie dazu neigt, sich großflächig auszubreiten, stört sie die Gurke nicht im Mindesten. Ihre gelbe Farbe erinnert an Sonnenblumen, wie sie in Russland weit verbreitet sind.

Dill

Gelbes Zauberglöckchen

Gurke „Lemon“

Diese lustige Gurke ist weitgehend noch unbekannt und entwickelt Früchte, die in der Größe und Farbe Zitronen ähneln ... aber ohne Säure. Sie halten sich in einer Ecke des Küchenschrankes mehrere Wochen lang frisch. Die Haut ist sehr dünn. Zuerst sollte man die Kerne entfernen. Die Menge reicht für eine Vorspeise für eine Person. Diese Gurke ist weniger anspruchsvoll in Bezug auf das Gießen, aber um sie bei Laune zu halten, sollte es nicht ganz ausbleiben.

EINFACH • KOMPAKT • MIN. 4 MONATE

TIPPS VON JEAN-PAUL

Die Gurke ist unter den Gemüsesorten die wohlschmeckendste. Eine Beifügung von Brennnesseljauche im Verhältnis ein Teil Brennnesseljauche auf fünf Teile Wasser tut ihr gut, vor allem dann, wenn die ersten Blüten aufgehen.

Blatt für Blatt

SEHR EINFACH • ÜPPIGES WACHSTUM • ERWEITERBAR

Eine detaillierte Ansicht auf eine Kiste mit verschiedenen Salatsorten, sodass man die Vielfalt der kleinen Blätter bewundern kann, die nach Lust und Laune geerntet werden können und mit denen man Gerichte dekorieren kann. Das reicht vom flaumigen Portulak bis hin zum zähen Friséesalat. Eine purpurfarbene Angelonia verleiht dem Ganzen Farbe, aber man kann auch etwas Schnittlauch hinzufügen, der in ganz ähnlichen Farbtönen blüht.

Kohlrabi und Pentas

TIPPS VON JEAN-PAUL

Ordnen Sie die Salatkisten ruhig erhöht an. Das schützt etwas vor Schnecken. Wenigstens etwas …

Rote Bete
Häufig findet man junge Rote Bete-Blätter im Sortiment an Blattsalaten. Der knackige Biss und der leicht säuerliche Geschmack überdecken die relative Fadheit des Ganzen. Und was für ein schöner Farbtupfer! Hier handelt es sich um die Sorte „Bull's Blood", besonders schön gefärbt.

Roter Eichenblattsalat
Dieser Salat ist auch in der kretischen Diät anzutreffen und hält erstaunlich gut die Hitze aus. Auch wenn er zu blühen beginnt, bleiben seine letzten Blätter zart. Genießen Sie ihn bis zum Ende ...

Bataviasalat
Wenn Sie es etwas knackig mögen, ist der Bataviasalat genau das Richtige für Sie. In der Kiste erreicht er nur selten die Größe wie im Garten, aber der nussige Geschmack bleibt weitgehend erhalten, und das ist ja die Hauptsache.

Butterkopfsalat
Während manche ihn als fade beschimpfen, können andere nicht genug davon kriegen. Das Beste ist, dass man ihn zusammen mit charakterstärkeren Salaten anpflanzen kann. Achtung: Kleine Schnecken verstecken sich mit Vorliebe darin.

Friséesalat
Es gibt Fans des Friseesalats, die ihm alle Qualitäten zuschreiben, insbesondere wenn er mit harten Eiern oder Tomaten kombiniert wird. In der Kiste wirkt sein gezackter Rand sehr ansprechend, sogar inmitten der Blumen.

Ein bunter Mischmasch
Diese ausgesuchten Blätter bringen einen vegetarischen Touch in Ihre Gerichte. Man findet dort verschiedene Salate und sogar junge Rote Bete. Neuerdings sind abgepackte Samenmischungen mit diesen verschiedenen Sorten erhältlich, alle in einer!

Batavia-Salat „Rouge Grenobloise"
Oder eine seiner zahlreichen Varianten. Er ist sehr vielseitig, da er sehr anpassungsfähig ist, er gedeiht von März bis Dezember und hat einen angenehmen Biss.

Wie auf dem Markt

EINFACH • AUSDEHNEND • ERWEITERBAR

Das Prinzip: Ein schönes Arrangement an Salaten, die alle gleichzeitig pikiert wurden und aus einer Samenmischung stammen. Wie schön sie über den Rand der Kiste wachsen: Deshalb sollten Sie sie ganz an den Rand setzen. Die Ernte erstreckt sich über mehrere Wochen. Auf dieser Doppelseite finden Sie mehrere getestete Möglichkeiten.

Herbstsalate

Im August sollte man über die Salate der zweiten Saison nachdenken. Sie werden einen festen Biss und einen leichten Hauch von Bitterkeit haben. Dazu gehört Schnittzichorie, reich an Nährstoffen, genauso roh wie gekocht, um beispielsweise gedünstetes Fischfilet zu komplettieren.

EINFACH • GENÜGSAM • MIN. 4 MONATE

TIPPS VON JEAN-PAUL

Wenn Sie lieber säen als pikieren, reicht eine kleine Handvoll Samen für eine Kiste bei Weitem aus. Verteilen Sie ihn genauso wie Salz. Beginnen Sie drei Wochen später Blatt für Blatt mit der Ernte, das macht Platz für andere.

Gemüsekisten

Ordnen Sie mehrere Kisten mit Salat an, die Sie nach und nach angepflanzt haben. Die Vielfalt der roten Blätter verleiht dem Ganzen verschiedene Farbtöne. Zudem kann man Blumen dazwischensetzen, vor allem essbare, wie Kapuzinerkresse, Borretsch, Ringelblume, Stiefmütterchen und Primel. Geben Sie eine Runde des schönen Salates Irma aus!

Man kann vier Pflanzen in einer Kiste für sechs Flaschen und bis zu sechs Pflanzen in einer größeren Kiste pikieren.

Idee Nr. 2

Mit vier angeordneten Kisten nimmt dieses Arrangement mindestens einen Quadratmeter ein, aber was für ein Anblick! Jede Menge Vitamine (und Komplimente) sind Ihnen sicher. Man ist dann nicht mehr weit von der städtischen Landwirtschaft entfernt, von der einige träumen. In dieser Hinsicht ist es viel ökonomischer, in Weinkisten als in jede andere Option auf Grundlage von Plastik zu investieren, und viel ästhetischer!

Idee Nr. 3

Lassen Sie ein wenig Platz zwischen den Kisten, damit das Licht alle Pflanzen erreicht. Insbesondere der Kohlrabi braucht eine Menge davon. Das ist der Grund, wieso er in einer Ecke gedeiht. Direkt neben ihm entfaltet sich eine Pentas und blüht den größten Teil des Sommers über. Ihr Aussehen ist unübertrefflich und ähnelt dem chinesischen Spinat, bei dem man die Bodenblätter geerntet hat. Pflücken Sie die Blätter nach und nach ab.

Aromen in der Kiste

SEHR EINFACH • ERNEUERBAR • GESCHENKIDEE

Dieses Arrangement mit aromatischen Pflanzen bewahrt zu einem großen Teil den Somme und würzt Gegrilltes und Taboulé, ohne dass ma im Garten herumkriechen muss. Solch eine Kiste ist ein beliebtes Geschenk bei Feinschmeckern. Je meh man erntet, dest mehr Blätter kommen nach …

Da ist Ysop!
Eine aromatische Pflanze, die für unseren Geschmack noch nicht genug verbreitet ist: Die Blätter des Ysop vereinen mehrere Geschmacksnoten, die sehr gut Fleisch oder Tomatenpüree ergänzen. Die Blüten schmücken einen Salat vortrefflich.

Festival mit Basilikum
Mit dem grünen herkömmlichen Basilikum, dem Genoveser oder Marseiller, dem feinen mit einem eher pfefferartigem Aroma, dem überaus überraschenden Thai und den zahlreichen purpurroten Sorten wird es nie langweilig. Man kann ihm sogar eine ganze Kiste widmen. Gießen Sie den Basilikum großzügig bei Hitze.

Unverzichtbare Petersilie
Glatt oder kraus, die Petersilie ist immer beliebt. Pflanzen Sie mindestens zwei oder drei Setzlinge, die Sie nach drei Monaten erneuern, um immer eine ausreichende Menge davon zu haben. Pflücken Sie die großen Blätter ab, bevor sie zäh werden und lassen Sie die jungen in der Mitte stehen.

Oregano
Oregano ergänzt hervorragend gegrilltes Fleisch, Pasta und gefüllte Tomaten. Er liebt die Sonne und verträgt sich super mit Lavendel und Salbei sowie anderen Heidepflanzen.

Aromen von Anderswo

Vor inzwischen langer Zeit habe ich eine seltsame Pflanze in einer Badewanne inmitten eines Kleingartens entdeckt, der von Laoten bewirtschaftet wurde. Es handelte sich um Rau Ram, einen Verwandten des Knöterich. In dieser Kiste gibt ein blaues Edellieschen aus dem Himalaya den Ton an. Diese Fülle erfordert eine Platzierung in der Nachmittagssonne sowie regelmäßiges Gießen. Jedoch kann es durchaus sein, dass die Blätter in der prallen Sonne schlappmachen.

Blaues Edellieschen

ANSPRUCHSVOLL • EXOTISCHER TOUCH • MAL WAS ANDERES

Blaues Edellieschen (Impatiens namchabarwensis)
Eine kleine Freude für Sammler ist das Blaue Edelliseschen. Entdeckt wurde sie erst 2003 in Tibet in Tsangpo, der längsten und tiefsten Gebirgsschlucht der Welt, welche einen riesigen Bogen um den Berg Namcha Barwa beschreibt, von dem sich ihr Name ableitet.

Rau Ram
Das Aroma von Rau Ram (Vietnam. Koriander) ist sehr speziell, ähnlich dem Koriander mit einem Hauch Zitrusfrucht. Hervorragend zu gedämpftem Fisch. Man braucht gerade mal ein halbes Blatt, um eine Suppe zu verfeinern, und auch nur von den jüngsten, da sie während des Reifens bitter werden; ein weit verbreitetes Schicksal, so scheint es …

Rau ram

TIPPS VON JEAN-PAUL

Sie werden Rau Ram, genau wie das Blaue Edellieschen, im Frühjahr an Ständen von Kräuterspezialisten auf Pflanzenfestivals noch recht selten antreffen.
Der Rau Ram überlebt den ersten Frost nicht, aber Sie können einfach im Herbst gezogene Ableger im Haus überwintern.

Aromen des Herbstes

Ende August spürt man, dass der Sommer zu Ende geht. Es wird Zeit, eine Kiste jenen aromatischen Pflanzen zu widmen, die Eintöpfe verfeinern oder Kräutertees optimieren. Mit Ausnahme des Thymians begibt sich so jeder zur Ruhe, um wieder Anlauf für schöne Tage zu nehmen.

1 Schnittlauch

Pflanzen Sie mindestens zwei oder drei Setzlinge Schnittlauch: So können sie sich zum Einen nach einer umfassenden Ernte erholen, da nur die jungen Stängel zart und aromatisch sind. Blüht der Schnittlauch in Ihrer Abwesenheit, gibt es keine Gnade: Entfernen Sie ihn.

2 Duftnessel

Die Agastache, auch Duftnessel genannt, ist nicht sehr bekannt, bietet aber zahlreiche Duftnoten je nach Sorte. Die hier abgebildete verbreitet einen Anisgeruch, herrlich zu Gegrilltem und Fisch. Die Sorte „Apricot Spire" duftet nach Minze und kommt mit etwas weniger Wasser aus. Was die Blüten angeht, sind alle Agastache-Sorten ein Segen für Bienen und Schmetterlinge.

3 Estragon

Für die ganze Welt ist der Estragon ein Synonym für die edle französische Küche. Damit er gut gedeiht, kaufen Sie ihn besser in einem Container- als in einem Blumentopf, sonst fühlt er sich schnell beengt. Sorgen Sie für Entwässerung, indem Sie den Wurzelballen auf einer Schicht Puzzolane platzieren. Gießen Sie ihn mehrmals im Sommer, damit er sich nicht schon zur Ruhe begibt.

1

2

3

6

4

5

4 Thymian

Es gibt verschiedene Sorten Thymian, buntblättrig beispielsweise oder sogar mit Zitrusnote, aber nichts geht über den klassischen Thymian. Eine der wenigen aromatischen Pflanzen, die es auch im Winter gibt.

5 Koriander

Der Koriander blüht schnell: Pikieren Sie einige Setzlinge alle zwei Monate. Eine Direktsaat gedeiht auch sehr gut, vor allem am Ende des Sommers.

6 China-Knoblauch

Seine flachen Blätter riechen nach frischem Knoblauch; intensiv, ohne aufdringlich zu sein. Die weißen Blüten warten bis zum neuen Jahr, bis sie sich entfalten. Dieser Knoblauch ist dekorativ und mehrjährig und einfacher anzubauen als der herkömmliche.

Die Paprikakiste

LECKER • MAL WAS ANDERES • 6 MONATE

TIPPS VON JEAN-PAUL

Entfernen Sie die erste Paprikapflanze, da die nachfolgende Frucht die Vitalität der Setzlinge ganz für künftige Ernten beansprucht. Düngen Sie alle 14 Tage mit Beinwell- oder Brennnesselgülle, um das Wachstum anzuregen.

Dieser Begriff „Paprikakiste", der übrigens nicht im Wörterbuch zu finden ist, bezieht sich auf diese tolle Kiste, in der sich verschiedene Paprikasorten tummeln. Vier Pflanzen sind dort hineingesetzt worden, in jede Ecke eine, und zwar recht spät im Juni, doch dies hat sie nicht daran gehindert, sich gut zu entwickeln. Sie werden ab Mitte August reif. Ein Topf mit Rotem Zwerg-Chili im Hintergrund fügt einen Tupfer Farbe hinzu, aber Vorsicht vor seinen Früchten: Wie bei Nero kann eine Einzige den Palast brennen lassen!

Kontrollieren Sie regelmäßig, ob bereits Blattläuse die zarten Spitzen der Stängel befallen haben. Zerdrücken Sie sie zwischen zwei Fingern und sprühen Sie einen Strahl Wasser nach. Die meisten Paprikasorten werden rot geerntet, und einige Sorten behalten sogar ihren bitteren Geschmack.

Eine schöne Mischung
Alle Paprika- und Chilisorten vertragen sich gut in der Weinkiste, oft besser als im Garten! Passen Sie bei jenen mit kleinen Früchten auf, da sie im Allgemeinen sehr scharf sind. Die Paprikasorte „Long des Landes" ist ein guter Kompromiss: köstlich im Ganzen in der Pfanne gebraten, wenn sie noch jung und grün ist, etwas schärfer bei der Rotfärbung. Man kann sie auch in Essig einlegen.

'Long des Landes'

'Chocolate'

Hybrid

Popcornmais

Der Popcornmais „Tom Pouce" erreicht kaum eine Größe von mehr als 70 Zentimetern. Jeder Setzling entwickelt eine Ähre von 7 bis max. 10 Zentimetern Länge. Schöne Überraschung: Im Innern der Maiskolben erreichen die Körner fast die reguläre Größe und sie knallen ebenso in der Pfanne. Denken Sie an den Deckel auf dem Topf!

TIPPS VON JEAN-PAUL
Um Zeit zu gewinnen, können die Maissamen Ende April im Haus mit jeweils drei oder vier Samen pro Blumentopf ausgesät werden. Wählen Sie dann die schönste Pflanze pro Topf aus. Pikieren Sie einen Monat später fünf bis sieben Pflanzen in einer Kiste für sechs Flaschen.

Gießen Sie alle drei Tage. Wenn sich die männlichen Pflanzen entfalten, schütteln Sie sie am späten Vormittag, damit die Pollen auf die niedriger sitzenden und deshalb fast unsichtbaren weiblichen Pflanzen fallen. Ernten Sie die Ähren, wenn die Kolbenblätter gelbbraun sind. Lassen Sie sie in der Küche noch etwas trocknen.

EINFACH • EXPLOSIV • 5 MONATE

Erdbeere und Co.

SCHWIERIG • GESCHENKIDEE • LANGLEBIG

Erdbeerpflanzen stehen Seite an Seite mit Minze und Schnittlauch, deren Geschmack sich erstaunlich gut mit jenem der Erdbeeren vereint, nicht zu vergessen das Honigkraut, das seinen süßen Beitrag liefert mit einem Hauch von Lakritz. Sind die paar Erdbeeren gepflückt, können mit dem Honigkraut Kräutertees gesüßt werden. Das Natürlichste auf der Welt.

TIPPS VON JEAN-PAUL

Ich empfehle Ihnen ausschließlich remontierende Erdbeersorten, die zweimal blühen, im April und im August (die Monate mit „a"). Topsorten sind „Anais", „Charlotte" und „Cirafine". Die Erdbeerpflanzen mit rosa Blüten („Vivarosa", „Pink Panda") sind dekorativ und ihre Früchte sehr aromatisch, damit macht man nichts falsch.

Echte und Falsche Erdbeere

So lecker die Erdbeeren auch sind, so sehr sind die Erdbeerpflanzen nervig. Sehr oft vegetieren sie vor sich hin, sind knauserig und zaudern. Man wird fürstlich mit zwei Erdbeeren pro Pflanze entlohnt. Dann entwickeln sie plötzlich Ausläufer und blühen erneut, aber meistens zu spät, um richtig reifen zu können. Wohlmeinend haben wir sie hier zusammen mit Erdbeerspinat (Chenopodium capitatum) eingepflanzt, dessen Früchte ein wenig an Erdbeeren erinnern, die auf einem Stab aufgespießt sind. Nett, aber nicht so lecker ...

TIPPS VON JEAN-PAUL

Rechnen Sie mit höchstens vier oder fünf Erdbeeren pro Setzling. Sie können eine stattliche Größe erreichen, aber wenn Sie zu häufig gießen, kann ihr Aroma ziemlich fade sein. Lassen Sie der Pflanze so oft es geht Sonne zukommen.

Ich habe es noch nicht ausprobiert, aber die Walderdbeere müsste sich eigentlich in der Weinkiste wohl fühlen. Wählen Sie vorzugsweise die Sorte „Reine des Vallées".

RISKANT • FÜR NEUGIERIGE • KURZLEBIG

Honigkraut

Ursprünglich aus Paraguay in Südamerika, hat diese Pflanze einen guten Ruf erlangt, da seine Blätter mehrere natürliche Süßstoffe enthalten, die 300-mal süßer sind als Rohrzucker oder Zuckerrüben. Mehr als Aspartam und ohne dessen Kritikpunkte. Diese süßende Eigenschaft kommt Kräutertees zugute, aber sie haut weniger rein, wenn man zum Beispiel ein Blatt des Honigkrauts kaut und gleichzeitig eine Erdbeere ist. Was die Pflege betrifft, ist sie sehr anspruchsvoll, denn sie liebt das Wasser, aber nicht übermäßig, und Wärme, aber keine Affenhitze ... Dennoch haben sich die beiden angepflanzten Stecklinge in der Kiste prächtig entwickelt: Der Kontakt mit dem Holz scheint ihnen gut zu gefallen!

Honigkraut

Roter Farbfleck

Die Idee besteht darin, Gemüsesorten mit purpurroten Blättern, Mangold und Zuckerrüben mit Blumen, nämlich einem rosafarbenen Edellieschen und einer herabhängenden Begonie, zu vereinen. Krankheiten, der Falsche Mehltau bei dem Edellieschen und der Echte Mehltau beim Mangold haben uns einen Strich durch die Rechnung gemacht.

ALLES ODER NICHTS
•
ANSPRUCHSVOLL
•
MIN. 4 MONATE

Rosafarbenes Edellieschen

TIPPS VON JEAN-PAUL

Schneiden Sie beim Mangold die Blätter ab, die der Mehltau beschädigt hat: Die nachwachsenden sind gesund und kräftig und begeistern bis in den Oktober.

Vorsicht Falle!

Bei der Duchesnea, der Scheinerdbeere, spielt man mit der Illusion, dass deren Früchte genauso wie Erdbeeren aussehen, ohne jedoch leider ihren Geschmack zu haben. Das Arrangement wird durch roten Salbei aufgehellt. Auf eine umgedrehte Kiste gestellt, begeistert sie durch ihre Ausstrahlung. Finden Sie nicht auch?

ERWEITERBAR • MAL WAS ANDERES • MIN. 6 MONATE

1 Begonia „Sunset"
Unter den neuen Begonien ist diese wirklich perfekt, da sie sich ohne Probleme entwickelt, ohne ihre Nachbarn zu stören. Sie blüht mehrere Monate lang.

2 Roter Salbei
Schreckliche Entdeckung: Die in Blumentöpfen gekauften Zwerg-Begonien haben sich in der Zeit nicht gut gehalten.

3 Roter Mangold
Mit seiner schönen Färbung ist er sehr dekorativ. Leider sehr anfällig für den Mehltau, ein Pilz, der den Mangold mit einem weißen Film überzieht. Dagegen mit einem Gemisch aus Wasser und Milch im Verhältnis 9:1 besprühen.

4 Scheinerdbeere
Man könnte von einer Walderdbeere sprechen, außer dass sie dem Himmel anstatt dem Boden zugewandt ist, und vor allem ist der Geschmack ganz anders, glücklicherweise, ohne giftig zu sein. Dafür entwickelt sie nach einigen Monaten viele Ausläufer und hübsche herabhängende Ranken.

5 Rote Bete „Bull's Blood"
Der rote Farbstoff der Roten Bete, das Betanin, ist in den Wurzeln enthalten, aber manchmal durch das Chlorophyll in den Stängeln und Blättern versteckt. Bei manchen Sorten wie die hier abgebildete, deren Name „Stierblut" bedeutet, ist das Betanin vorherrschend. Die jungen zarten Blätter können Mischsalaten beigefügt werden.

6 Rotes Zauberglöckchen
Ein starker Farbton, der das Arrangement dominiert. Leider hält diese Sorte nicht die Julihitze aus … Stattdessen hat purpurroter Basilikum mehr Ausstrahlung.

Zweistöckige Tomaten

Es reicht aus, eine Kiste auf eine andere leere zu stellen, um ein stattliches, zweistöckiges Arrangement mit Tomaten in Griffweite zu erhalten. Die Kapuzinerkresse kann sich prima daran herunterranken: Entscheiden Sie sich vorzugsweise für eine Zwergsorte wie z. B. Paso, Cherry Rose oder Lady Bird.

EINFACH • BEQUEM • MIN. 5 MONATE

TIPPS VON JEAN-PAUL

Beim Anpflanzen bedecken Sie einen Teil des Stängels mit Erde. Das begünstigt die ganze Zeit über die Wurzelbildung. Behalten Sie nur einen Stängel zurück, um Läuse abzuschrecken, die an den Blattachseln auftreten. Einzig die Sorte Tiny Tim können Sie vollständig in der Kiste belassen.

Zwergtomate Tiny Tim
Als junge Pflanze ist sie nicht sehr interessant, da sie untersetzt ist und unförmige Blätter hat. Dann bestätigt sich der gedrungene Aspekt: Es spielt keine Rolle, was Sie zurückschneiden. Die ersten Blüten sind nahezu unsichtbar. Die Früchte vereinen Süße und Säure und haben eine relativ feine Haut. Lassen Sie sie nicht zu lange am Strauch, da dies das Aroma nicht optimiert und das Fruchtfleisch dann überreif wird.

Tomate Sungold
Die Samen sind recht teuer (0,25 Euro pro Stück), aber diese orangefarbene Hybrid-Kirschtomate ist so angenehm süß, dass Sie nicht davon loskommen werden. Sie ist frühreif und ihre ersten Früchte können wahrscheinlich Mitte Juli genossen werden. Jedoch ist sie sehr anfällig für den Mehltau.

Tagetes „Gnom"
Um die Stängel der Tomaten zu Beginn der Saison zu schmücken, ist dieser enge Verwandte der Tagetes perfekt. Er blüht im Überfluss und produziert eine dermaßen große Menge an Samen, dass er dann buchstäblich erschöpft ist. Es ist dann also Zeit, gründlich aufzuräumen.

Festival der Kirschtomaten: mehrere Ernten und deshalb mehr Grund zum Jubeln

Bestimmte Sorten, deren Samen man ein ums andere Jahr ernten kann	**„Brin de Muguet":** Kirschtomate mit Spitze **Mexikanische Honigtomate:** Spättomate, hervorragendes Aroma **„Red Currant":** An Johannisbeeren erinnernde Tomaten zur Dekoration von Gerichten, Ernte der ganzen Rispen
Hybriden F1: starkes Wachstum	**„Pepe":** übermäßige Produktion, angenehmes Aroma **„Sweet Million":** süßer Geschmack. Verliert bei Reife etwas an Qualität **„Trilly":** wie eine Minitraube. Köstlich und kräftig
Cocktail-Tomaten mit etwas größeren Früchten	**„Black Cherry":** sehr saftig **„Délice du Jardinier":** köstlich, mit feiner Haut
Orangefarbene Tomaten: Reinste Leckerbissen!	**„Sungold":** supersüß, sehr beliebt bei Kindern **„Sweet Baby":** ein kleiner Strauch. Absolut köstlich **„Tigerella":** orange-rot mit grünen Streifen. Saftig und herrlich in Mischsalaten

Ein schöner Tomatenkäfig

Das muss man sich erst mal trauen: vier Kirschtomatensträucher in einer Kiste. Die Leisten dienen als Stütze für die gelben Stäbe aus Korbweide, welche von Weitem wie ein Käfig oder eine Königskrone aussehen. Die Korbweide nimmt eine schwarze Färbung an, was noch schicker aussieht ...

TIPPS VON JEAN-PAUL
Der schlimmste Feind der Tomaten ist der Mehltau, ein Pilz, der Feuchtigkeit und nicht zu viel Wärme schätzt. Manchmal stellt er sich im Juli ein und zieht sich dann zurück, kommt aber Mitte August wieder zurück.

ÜPPIG • **ETWAS ANSPRUCHSVOLL** • **MIN. 5 MONATE**

Spättomaten

Die richtige Überraschung kommt erst dann, wenn es Zeit ist, für die prächtige Zwerg-Tomate Tiny Tim. Nach einer ersten Phase mit Früchten gibt es eine neue Blüte im August, wovon diese Tomaten bis Mitte September profitieren. Einige Chrysanthemen markieren zusammen mit ihnen auf schöne Weise das Ende des Sommers.

EINFACH • **SCHÖNE MISCHUNG** • **ENDE DES SOMMERS**

Oranger Gaumenkitzel

Für ein hübsches Arrangement mit einem Tomatenstrauch namens „Sungold“ mit kleinen, orangefarbenen Früchten haben wir die gelbrote Kapuzinerkresse „Pfirsich Melba“ und den gelbblühenden Husarenknopf dazugenommen. Die Farbe der Tomate ist intensiv genug, um das Ganze zu dominieren.

Behandeln Sie die Pflanzen mit einem auf Kupferhydroxid basierenden Produkt, weniger aggressiv als Kupferkalkbrühe. Salbeitee scheint auch wirksam gegen Mehltau zu sein. Lassen Sie übrigens die Blätter nicht den Boden berühren und schneiden Sie jene ab, die kleine Makel aufweisen.

EINFACH • FÜR FEINSCHMECKER • MIN. 5 MONATE

Mit Selbstbedienung

Dieser Kirschtomatenhain wird von vertikalen Leisten gestützt. In der Mitte bringt purpurroter Basilikum Farbe in das Arrangement und vor allem seine Blätter Aroma an Salate. Diese Zusammenstellung eignet sich hervorragend für die Dekoration einer Ecke auf dem Balkon oder der Terrasse.

PRAKTISCH • ERTRAGREICH • MIN. 5 MONATE

Blühender Kohl

Auch wenn Kohl blüht wie dieser Chinakohl, bleibt er nach wie vor essbar. Es genügt, die zarten Enden der Stängel abzuschneiden und sie in die Pfanne oder den Wok zu werfen, wie bei grünem Spargel. Herrlich zu einem Reisgericht oder Omelette.

TIPPS VON JEAN-PAUL

Aufgrund ihres sehr schellen Vegetationszykluses findet man so gut wie nie diese asiatischen Gemüsepflanzen. Ihre Aussaat ist also eine unerlässliche Voraussetzung. Zum Glück gehen die Samen rasch auf.

EINFACH • MAL WAS ANDERES ! • 3 MONATE

Begonie „Sunset“

EINFACH • ANSPRUCHSLOS • 2 MONATE

Blatt für Blatt

Chinakohlsorten mit zerschlitzten Blättern eignen sich besonders gut zum Rohverzehr. Deshalb haben wir sie hier zusammen mit Zichorie Catalogna, Brunnenkresse und jungen Rüben kombiniert. Alle diese zarten Blätter sind super, mit Frühlingsrollen serviert oder klein geschnitten in einem vietnamesischen Bo-Bun.

Grün auf allen Etagen

Die Idee, diese zwei Kisten aufeinanderzustapeln, kam uns, als wir die Schäden der Schnecken begutachteten. Diese Konstruktion hat ihre Gefräßigkeit ein bisschen gezügelt.

Am besten kaufen Sie eine fertige Samenmischung wie z. B. „Junge asiatische Triebe". Säen Sie nur eine geringe Menge in zwei oder drei Blumentöpfen aus und halten Sie sie in sicherer Entfernung von Schnecken. Nach drei Wochen, wenn die Pflanzen eine oder zwei ausgebildete Blätter haben, können Sie sie getrennt in die Kiste pikieren. Lassen Sie dabei rund um die Pflänzchen einen Abstand von 10 cm.

EINFACH • ERTRAGREICH • 3 MONATE

Blumen und Blätter

EINFACH • GEFÄLLIG • MIN. 3 MONATE

Die meisten chinesischen „Salate", die ja im Grunde Kohlsorten sind, werden im Frühjahr gepflanzt. Sie erblühen rasch und ihre Samen gehen auch schnell auf. Was Sie nicht daran hindern sollte, sie zu ernten und im Wok zuzubereiten oder zu dünsten, um ihren würzigen Geschmack abzumildern.

TIPPS VON JEAN-PAUL

Sie können den Zeitpunkt der Ernte selbst bestimmen, indem Sie Blatt für Blatt mit einem Küchenmesser abschneiden. Lassen Sie nach einer Weile, um die Blüte zu bewundern, einige Pflanzen die Oberhand gewinnen, zumindest die Stängel, die Sie nicht abgepflückt haben.

1 Chinesischer Brokkoli
Feiner als unser Brokkoli, kann der Kai-lan verzehrt werden, wenn er noch Knospen hat. In der Pfanne wie grüner Spargel gebraten, um ein Omelette zu garnieren, offenbart sich ein ganz neues Geschmackserlebnis.

2 Blüten des Chinesischen Brokkoli
Die meisten chinesischen Brokkolisorten neigen dazu, recht früh zu blühen. Doch kein Problem, ernten Sie diese ganz zarten Stängel und genießen Sie sie!

3 Chinesischer Fuchsschwanz
In Indonesien heißt er bayam, auf kantonesisch yin tsoi. Der Chinesische Fuchsschwanz kommt besonders in einer großen Weinkiste zur Geltung. Seine jungen Blätter kann man roh knabbern wie Spinat. Man kann sie auch ganz kurz kochen und sie mit China-Knoblauch gewürzt servieren.

4 Chinakohl-Blätter
Eine schöne Vielfalt zwischen Mitsuna (Japanisches Stielmus) mit krausen Blättern, Tah Tsoi und Hon Tsai Tai. Die Blätter sind voll mit Vitaminen, die, noch jung, roh verzehrt werden können, danach gekocht. Sie können ab Mitte April gesät und pikiert werden. Im Herbst hält diese grüne Pracht noch den ersten Frost aus.

Kohlfestival

Viel Raffinesse in diesem Frühlings-Arrangement, dessen Samen im März ausgesät wurden. Im Juni steht dann die Ernte an, wodurch Platz für andere schnellwachsende Gemüsesorten entsteht. So sieht Gärtnern auf chinesische Art aus: zwei, wenn nicht sogar drei Ernten pro Jahr!

EINFACH
•
KURZLEBIG
•
2 MONATE

Rettich in der Luft

Die asiatischen Gemüsesorten sind voller Überraschungen. Bei den Schlangenradieschen isst man nicht die Wurzeln, sondern die sich bildenden, noch grünen Früchte. Diese Rettichsorte kommt vermutlich aus Indien, von wo sie sich über Java ausgebreitet hat. Die Engländer waren die Ersten, die sie geknabbert haben, seit dem 19. Jahrhundert, aber auf eigentümliche Weise, da sie die Früchte zerdrückten, um eine grüne Soße daraus zu machen. Ach, die englische Küche!

In Indien werden Schlangenradieschen eher in Essig eingelegt verzehrt, was mougri genannt wird. Man kocht sie in Form einer Currysoße zusammen mit Kurkuma, Knoblauch, Zwiebeln, Koriander, Gewürznelken, etwas Zucker und Garam massala. Das Ganze muss knackig bleiben.

EINFACH • SCHARF • 3 MONATE

Orangefarbene Tagetes

Die klassischen indischen Rosen und Nelken sind farbenprächtig, aber vom Geschmack her zu stark. Hier haben wir uns für eine englische Auswahl indischer Nelken mit einfachen Blüten namens „Pots of Gold" entschieden, erhältlich bei Thompson & Morgan. Die Blumen schillern in allen Farbtönen, und ihr Aroma ist sehr interessant. Einige Blütenblätter bringen Farbe an ein Reisgericht. Eine Blume zum Knuspern.

Schlangenradieschen und Orangefarbene Tagetes

Eines ist sicher: Das ist eine Rettichart, also ein Fan schnellen Wachstums. Er bringt seinen Lebenszyklus in gerade mal zwei Monaten zum Abschluss.

TIPPS VON JEAN-PAUL

Sie können die Schlangenradieschen in einem Topf vorziehen und dann pikieren, wenn sie zwei ausgebildete Blätter haben. Beunruhigen Sie sich nicht, wenn sie zu blühen beginnen, das ist ein gutes Zeichen. Das sind übrigens hübsche weiße Blütenkelche mit einer zarten rosafarbenen Tönung. Sie können mit der Ernte beginnen, wenn sie einige Zentimeter groß sind. Je länger Sie warten, desto faseriger werden sie ... und scharf. Wenn sie noch jung sind, sind sie schnell gekocht und passen auch gut zu Kartoffeln. Sagen Sie Ihren Gästen zunächst nicht, was es ist und amüsieren Sie sich über deren Gesichter, wenn Sie ihnen verraten, dass es sich um Schlangenradieschen handelt.

Weinrebe in der Weinkiste

Einen Rebstock in einer Weinkiste anzupflanzen war zu verlockend. Mit mehr als fünf Trauben an einem einzigen Rebstock nur sechs Monate nach dem Anbau und dem Teilen einer einzigen Jahrespflanze hat das Ergebnis meine Erwartungen übertroffen. Diese Jahrespflanze habe ich bei Patrick Nicolas, einem Bio-Baumschulist in Meudon, erstanden. Um diese Weinanbaufläche zu komplettieren, haben wir noch Kamille und eine Kornblume hinzugefügt. Die Trauben sind vollkommen reif, aber wir mussten sie vorzeitig ernten, weil die Vögel sie entdeckt hatten und die Kerne nach und nach herauspickten.

ANSPRUCHSVOLL • WIDERSTANDSFÄHIG • GESCHENKIDEE

TIPPS VON JEAN-PAUL

Legen Sie eine ausreichend dicke Entwässerungsschicht auf dem Boden der Kiste an, z.B. Kies oder Puzzolan. Dies gibt dem Ganzen mehr Stabilität, da die Weinrebe Seitenwind durchlässt.

Römische Kamille

Als wir diese sehr bekannte Heilpflanze einpflanzten, fiel mir die deutsche Kamille ein, die spontan in den Weinbergen wächst. Man könnte auch Zwerg-Narzissen oder Weinbergtulpen anpflanzen, oder auch Hyazinthen, um den Beginn des Pflanzenwuchses im Frühling aufzulockern und der Weinrebe dann keine Konkurrenz zu machen.

Traube „Perdin"

Für diesen ersten Versuch haben wir diese Traubensorte gewählt, da sie sehr resistent gegenüber Krankheiten ist: Bis zur Reife der Trauben war keine einzige Behandlung notwendig. Angenehmer Geschmack bei voller Reife ungefähr Mitte September. Andere, gegenüber Krankheiten widerstandsfähige Sorten sind Amandin mit Muskatduft und Aladin, eine recht frühreifende, schwarze Traube.

Nach der Bepflanzung bedecken Sie die Erde wie in einem Weinanbaugebiet mit Kies. Gießen Sie während des Sommers regelmäßig und fügen Sie zeitweise Beinwell- oder Brennesseljauche hinzu.

Schneiden Sie im Februar die zwei kräftigsten Stöcke auf ungefähr 30 Zentimeter zurück und vernichten Sie die anderen.

Kamille und Kornblume

Nach zwei Jahren empfiehlt es sich, den Rebstock in einen echten Garten umzusetzen, damit die Wurzeln mehr Platz haben ....

Eine späte Überraschung

Vier Stöcke Kapstachelbeeren in einer großen Kiste für 12 Flaschen, und hier ist das Ergebnis nach drei Monaten: eine buschige Masse von einem Meter in allen Richtungen! Eine Kapuzinerkresse versucht sich redlich auszubreiten. Die Blüte der Kapstachelbeeren hat Anfang August angefangen, und die ersten Früchte waren ab Ende September bis Allerheiligen reif. Eine solche Masse an Blättern erfordert regelmäßiges und starkes Gießen: Eine Abwesenheit unter diesen Umständen kommt natürlich überhaupt nicht infrage ...

TIPPS VON JEAN-PAUL

Die Physalis ist noch eher selten im Handel zu finden. Aussäen ist daher unvermeidlich. Gehen Sie wie bei Tomaten vor: Streuen Sie eine Prise in einen Erdtopf, den Sie im Warmen in der Küche nahe eines Fensters platzieren. Die Keimung dauert ungefähr zwei Wochen, also etwas Geduld! Pikieren Sie die Pflanzen in einzelne Töpfe, wenn sie zwei Blätter herausgebildet haben.

Positionieren Sie sie Ende Juni in der Kiste. Beschneiden und behandeln Sie die Pflanze nicht, gießen Sie und düngen Sie sie regelmäßig. Ernten Sie die Früchte, wenn diese eine strohgelbe Färbung annehmen.

1 Physalis

Die Kapstachelbeere (Physalis peruviana) erfreut sich aufgrund ihres Geschmacks zunehmender Beliebtheit, deren Beeren sich in einem hübschen Pergamentsäckchen befinden. Ein interessantes Karamelaroma, gelegentlich mit einer Note von Ananas oder Stachelbeere. Eine wahre Gaumenfreude!

2 und 4 Melonenbirne

Wird auch Pepino genannt. Solanum muricatum ist ein entfernter Verwandter der aus Peru stammenden Aubergine. Sie ist so groß wie eine Birne und ähnelt dieser auch im Geschmack, ist jedoch weniger süß. Geschält und in Scheiben geschnitten ergänzt sie optimal einen Obstsalat.

3 Rosafarbene Catharanthe

Sie leistet der Melonenbirne Gesellschaft, da der Farbton beider Blumen nahezu identisch ist.

Südamerikanische Fantasie

Diese Melonenbirne habe ich in einer Kiste angepflanzt, die man im Sommer erhöhen sollte, da sich die Stängel durch die schweren Früchte weit nach unten biegen. Sie braucht viel Aufmerksamkeit: Gießen, Düngen mit verdünnter Brennesseljauche. Dafür aber keine einzige Krankheit weit und breit – und das Ergebnis spricht für sich!

Das Wurzelgeflecht der Melonenbirne ist sehr dicht: Bohren Sie Löcher in die Erde, damit das Wasser sich bis in die Tiefe verteilen kann, da es sonst ungenutzt versickert.

ANSPRUCHSVOLL
•
WIRKUNGSVOLL
•
MIN. 6 MONATE

Minze-Trio

... und nicht nur das, denn diese Kiste beherbergt auch ein Honigkraut, (siehe Seite 63), bei dem schon einige Blätter ausreichen, um einen Minztee oder Thymiantee zu süßen. Die Geranie mit ihren duftenden Blättern bringt einen roten Farbtupfer ins Spiel, was besonders in dieser Menge an smaragdgrünen Pflanzen eine nette Abwechslung ist.

TIPPS VON JEAN-PAUL

Gießen und düngen Sie die Minzsorten regelmäßig, denn sie sind unersättlich. Decken Sie die Oberfläche mit etwas Komposterde ab.

EINFACH • WIDERSTANDSFÄHIG • ANSPRUCHSVOLL

Verschiedene Minzesorten

Auch die Geschmacksnoten sind sehr unterschiedlich, von marokkanischer Minze über spanische Minze bis hin zur Ananasminze. Weitere zur Verfügung stehende Aromen: Banane, Apfel, Orange, Zitrone … und, nicht zu vergessen, ganz einfach die grüne Minze! Es gibt auch Sorten mit bunten Blättern, sehr elegant im Schatten. Alle diese Minzesorten blühen den ganzen Sommer über, in weiß oder mauvefarben.

Sie können die Minzsorten weiterhin blühen lassen, denn sie sind sehr dekorativ und ziehen viele Bienen an.
Schneiden Sie sie Ende August komplett zurück, um neue kräftige Triebe für den Herbst zu erhalten.

Minze-Trio

Die Minzsorten gehören zu den Dauerpflanzen, jedoch sollten sie im Frühjahr herausgezogen und in neuer Erde wieder eingepflanzt werden, da sie sonst leicht verkümmern. Es reicht aus, zu Beginn des Pflanzenwuchses einige kräftige Wurzeln voneinander getrennt einzupflanzen.

Geranie „Unique“

Diese Sorte Geranien mit duftenden Blättern ist megagroßzügig. Sie bringt einen Klecks Farbe ins Arrangement, der sich für einen Gutteil des Sommers erneuert sowie Blätter, mit denen man hervorragend Tees zubereiten kann. Stellen Sie sich den Gesichtsausdruck Ihrer Gäste vor, wenn Sie ihnen sagen, dass das von ihnen Gekostete von dieser Pflanze stammt! Es gibt auch Geranien mit Apfel-, Minz- und Rosenaroma, aber ihre Blüten sind nicht so spektakulär wie bei Unique.

Geranie „Crimson Unique“

JURASSIC BOX

Aber was haben denn die Dinosaurier gefressen? Ganz einfach: andere Dinosaurier, aber das gilt nur für die Fleischfresser, wie den fiesen T-Rex. Die Beute der anderen Dinosaurier war vegetarisch, aber nicht zwangsläufig pflanzlich, da Gräser und blühende Pflanzen noch nicht existierten. Dies war die Hochzeit der Farne, von denen einige die Höhe von Bäumen erreichten. Dieses Arrangement enthält drei davon, zum Glück etwas kleinere, die aber im Verhältnis durchaus einen Eindruck davon vermitteln. Um sie zu finden, muss man nur etwas in Blumenhandlungen oder Gärtnereien stöbern.

EINFACH • LEHRREICH • MIN. 6 MONATE

Farne
Seit einigen Jahren findet man viel einfacher Farne in den Gärtnereien. Bei einem Besuch an dem Stand eines Spezialisten wie Olivier Ezavin auf einem Pflanzenfestival (siehe Adressteil auf Seite 158) werden Sie von der Auswahl geradezu erschlagen. Ein wichtiger Faktor hinsichtlich Gärtnern in der Stadt ist, dass Farne es gerne schattig haben. Was in einer Ecke der Kiste wie Gras aussieht, ist tatsächlich ein Zwerg-Schachtelhalm.

Alokasie
Die Pflanze, die dem Arrangement seine besondere Note verleiht, ist eine Alokasie, ein tropischer Verwandter des Aronstabs. Seine dicken, von hervortretenden Adern durchzogenen Blätter erinnern an Reptilienhaut. Hier handelt es sich um die Sorte „Bambino Arrow", die mit ihrer kompakten Ausgestaltung besser als die herkömmliche Sorte für das Leben in einer Kiste geeignet ist.

TIPPS VON JEAN-PAUL

Die Dinosaurier haben aus Tümpeln und Flussläufen getrunken, das ist bekannt. Legen Sie in die Kiste ein Stück Plastikfolie in eine Mulde, bedecken Sie sie mit Sand, und schon ist Ihr Monster-Miniteich fertig.

Bringen Sie diese Kiste vor dem Frosteinbruch ins Haus. Die Alokasie begibt sich bis zum nächsten Frühjahr zur Ruhe. Gießen Sie dann etwas weniger. Stellen Sie die Kiste im April wieder hinaus. Um einen Teil der Fläche in der Kiste weiterhin zu nutzen, ohne alles zu entfernen, geht nichts über eine Kanonierblume mit ihren süßen kleinen Blättern.

Mini-Klostergärten

Wir stellen Ihnen hier einige Arrangements mit dem Flair von einst und einem Hauch Kitsch vor, was aber durch die ansprechende Zusammenstellung der Kisten ausgeglichen wird.

Natürliches Holz, wohlklingende Bezeichnungen, Wappen aus einer anderen Zeit... Rufen diese für Weinkisten typischen Elemente nicht die Vorstellung eines holzvertäfelten Saals mit schweren Vorhängen und eines Kaschmirüberwurfs, der auf einem Chesterfield-Sofa ausgebreitet ist, in Ihnen hervor? Kurz, eine proustianische Atmosphäre vom Feinsten. Es ist verführerisch, sich Pflanzen anzunähern, die manchmal altmodisch oder unerwartet für dieses Projekt zu sein scheinen. Diese Kisten passen hervorragend zu einer in einen Wintergarten im Stile Napoleons III. umgewandelten Veranda, oder noch besser in einen kargen, sonnenbeschienenen Pariser Hinterhof.

Der Wald auf alte Art

Die Feinheit des Holzes bringt die niedersten Pflanzen zur Geltung – das haben wir immer wieder festgestellt. Es ist spannend zu sehen, wie eine einfache Kiefer, wenn auch durch Leinöl veredelt, zu einem höherwertigen Schmuckkästchen wird. Sonst eher gewöhnliche Blumen – oder vielmehr einfallslos arrangierte – erhalten so wieder eine besondere Note. So haben wir mit Genuss die Wandlungsfähigkeit der Petunien und Begonien ausprobiert, was sie spielend gemeistert haben.

Eine Verlängerung für den Winter

Wir hätten diese Kollektion auch „drinnen/draußen“ nennen können, weil die meisten dieser Kisten vorteilhafterweise den Sommer auf der Terrasse verbringen und uns weiterhin in einem Wintergarten entzücken können, wenn Sie das Glück haben, einen zu besitzen.

Bühnenbild, 2. Akt

Genau wie bei den Schlemmer-Kisten können Sie die Dekorationselemente austauschen, wie Sie lustig sind, entweder um eine Pflanze in Szene zu setzen, die Ihnen am Marktstand eines Blumenhändlers ins Auge gefallen ist oder aber deshalb, weil Sie genug von dieser Petunie haben, die nach nahezu vier Monaten ununterbrochenen Blühens immer noch gut aussieht.
Wo steht geschrieben, dass Treue eine Kernkompetenz von Gärtnern ist ...?

MUSÉE DU LUXEMBOURG. — LE CATÉCHISME, tableau de Meunier

SPITZENEFFEKT

EINFACH • HALBSCHATTEN • MIN. 6 MONATE

Diese Kiste ist auf die einfachste Art und Weise zusammengestellt worden, nämlich nach der Rückkehr von einem Pflanzenfestival mit einer Kiste voller Blumentöpfe. Die Pflanzen sind in einer etwas niedrigeren Weinkiste eingesetzt worden. So verbindet sich auf dem Foto von Patou alles vortrefflich, voller Emotion und Sensibilität. Diese Kiste hat sich hervorragend im Laufe der Monate entwickelt.

TIPPS VON JEAN-PAUL

Da die Taubnessel dazu tendiert, die Oberhand zu gewinnen, sollte man sie ohne Zögern mithilfe einer einfachen Küchenschere zwei- oder dreimal im Sommer zurückschneiden. Das gibt viele Ableger.

Wolfsmilch „Diamond Frost"

Aus den Bergen Kolumbiens, hat sie ihren Weg in unsere Gärtnereien gefunden. Ihre Blüten sehen wie Schneeflocken aus und sie blüht über mehrere Monate bis zum ersten Frost. Auch die verwelkten Blumen müssen nicht entfernt werden, da sie sich nach und nach von selbst der Erde entgegenneigen. Achtung, den Schnecken gefällt das ganz besonders.

Vom netten Efeu auf allen Etagen

Im Schatten gibt es nichts Schöneres als Blumen mit bunten Blättern, um ein bisschen Licht hineinzubringen. Hier bildet eine Prunkwinde mit purpurroten Blättern einen Kontrapunkt, ohne den Rest ganz zu überwuchern, denn der Efeu weiß sich zu verteidigen. Wir haben die Kiste auf eine zweite gestellt, um die Geschmeidigkeit der Efeuranken zur Geltung zu bringen.

Die untere Kiste kann mit dem Felsen-Storchschnabel bepflanzt werden, der es im Schatten sehr gut aushält und der seine Blätter im Winter behält. Eine niedrigwachsene, weiße Blume, wie z. B. Whiteness, ergänzt das Ganze.

EINFACH • HALBSCHATTEN • MIN. 6 MONATE

Scheinknöterich
Eine wahre Spitzenpflanze aus Neuseeland. Nach kurzer Zeit enthüllt sie ihren Schleier aus schwarz glänzenden Stängeln, an denen kleine Blätter sitzen. Die Blüte ist nahezu unsichtbar. Widerstandsfähige Pflanze, die bis –7° gehalten werden kann.

Gefleckte Taubnessel
Diese Pflanze ist widerstandsfähig und hat einen gesicherten Blütenstand, sogar im Halbschatten, ab dem späten Frühjahr. Die Auswahl unter de Sorten ist riesig. Wir haben uns für „Pink Pewter“ und „White Nanny“ mit silbrig gefleckten Blättern entschieden.

Von Bronze und Alabaster

Zunächst scheint dieses Arrangement einfach, wenn nicht sogar minimalistisch zu sein: zwei purpurrote Keulenlinien und eine Petunie im Vordergrund. Dennoch erntet es anerkennende Kommentare und Lob und blüht vier Monate. Die Gründe: der Kontrast der Umrisse zwischen der Starrheit der Keulenlinien und der weichen Petunie, ohne den subtilen Farbeindruck zwischen dem bronzefarbenen Klecks in der Mitte der Petunie und den schönen Blättern der Keulenlilie außer Acht zu lassen. Besser geht es nicht.

Tipps von Jean-Paul

Die Keulenlilie „Red Star" hält Temperaturen bis -5° C aus. Stellen Sie die Kiste über den Winter in einen Wintergarten. Die Keulenlilie wächst langsam und kann zwei Jahre lang in einer Weinkiste bleiben. Finden Sie dann ein Eckchen im Garten für sie.

Die Petunie benötigt Dünger, der in dreifacher Verdünnung dem Gießwasser beigegeben wird. Das verhindert eine vorzeitige Gelbfärbung der Blätter. Die Blütenkrone öffnet sich meistens gegen Ende des Sommers, Vorspiel für ein sanftes Ende. Dann kann man eine kleine Chrysantheme an ihre Stelle setzen.

Bronzefarbene Petunie
Es ist unmöglich, den genauen Namen dieser Petunie herauszufinden, die wir durch Zufall bei einem Gärtner entdeckt haben. Wenn es nicht diese ist, wird es bestimmt eine andere sein, die Sie anlacht. Hoffen wir, dass sie auch soviel Schwung hat wie diese hier und bis in den September hinein blüht mit einer sonst seltenen Blütenfülle. Ihr Geheimnis: Sie produziert keine Samen.

Petunie „Cabernet"
Vom Cabernet zu den Weinkisten, das kommt ja wie gerufen! Dieser Name passt haargenau zu dieser Petunie, die an die alten Sorten aus den 1960er Jahren auf den prächtigen elsässischen Balkonen erinnert. Zur Entschädigung brechen wir eine Lanze für die Önologen: Die Rebsorte Chardonnay ist für die Blütenpracht in Meursault verantwortlich ...

Zinerarie
Man würde der Zinerarie Unrecht tun, würde man sie auf Friedhöfe verbannen! Ist die feine Ziselierung im schönsten Silber nicht wundervoll? Und wenn der Sommer dahinschwindet, bleibt sie seelenruhig bestehen.

Der Pfarrgarten

So etwas wie ein visuelles Gleichgewicht stellt sich zwischen der Farbenpracht der Petunien und dem dunklen Anstrich der Kiste ein. Ein verblasster Smaragd, hat unser Lieblingsfotograf Jean-Louis Leibovitch dazu gesagt. Die Zinerarie bringt etwas Beschwichtigendes hinein und spielt die Rolle des Schmuckkästchens und erinnert an Seidenpapier.

Im Schatten der Blumenkästen

EINFACH
•
GESCHENKIDEE
•
MIN. 5 MONATE

In unseren Versuchen haben wir eine weiße Kiste verwendet, um sie in Geltung zu bringen, wenn sie auf einem schattigen Hof zum Einsatz kommen soll. Gilles Lacombe hat einen Sinn fürs Feine und vorhergesagt, dass sie erst recht schön aussieht, wenn die weiße Farbe verblasst. Das war auch der Fall. Farne und ein Edellieschen eine Fuchsie bringen den notwendigen Farbtupfer hinein.

Farne

Wie in der Natur zeigt sich auch hier der tolle Effekt der Farne im Schatten. Auch wenn sie nicht blühen, sind sie wahre Schmuckstücke. Für eine beste Wahl sehen Sie sich die gesamte Palette der Pflanzen für den Innenbereich in Blumenhandlungen und Gärtnereien an. Wenn sie im April nach der schlimmsten Kälte gepflanzt werden, werden die meisten von ihnen recht langlebig und halten sich bis November. Danach bewahren Sie sie bis zum nächsten Jahr im Wintergarten auf.

Fuchsie „Blue Sarah“

Ach ja, diese Gärtner mit ihren Vorstellungen von Farben! Ohne ein echtes Blau zu erreichen, wie manche es vorgeben, kommt diese Fuchsie dem schon recht nahe, was ihr eine große Frische verleiht. In der Kiste hat sie sich in ihrem ursprünglichen Topf nicht so gut entwickelt, aber im Garten eingepflanzt, kann der Setzling bis zu 80 cm hoch werden. Das ist wohl auch der Ort, wo die Fuchsie ihre Karriere beenden wird, denn sie ist absolut widerstandsfähig.

Edellieschen, doppelt gefüllt

Wie eine kleine Alte Rose, charmant, aber mit sehr wenig Rückgrat, denn einen Monat nach ihrer Einpflanzung war dieses Edellieschen verschwunden, einfach so. Das haben leider alle doppelt gefüllten Impatiens gemeinsam: Beim Kauf noch hübsch anzusehen, aber dann lassen sie auf der ganzen Linie nach.

Begonie „Escargot“

Die Begonie Rex hat aquamarinfarbene Blätter mit einem purpurfarbenen Rand, deren Form unweigerlich an eine Schnecke mit Schneckenhaus denken lässt. Lassen Sie sich nicht von ihrer Feinheit täuschen: Sie ist viel langlebiger, als es den Anschein hat!

Neu-Guinea-Impatiens (Edellieschen)

Setzen Sie ruhig auf diese Impatiens: Die neue Auslese kann problemlos draußen gehalten werden. Sie halten sogar recht gut die Sonne aus, zumindest die Morgensonne. Bleibt noch zu erwähnen, dass die klassischen Impatiens-Sorten, die sich gut für Beete eignen sollen, sehr anfällig für Mehltau geworden sind und sich nicht so ertragreich entwickeln wie die Neu-Guinea-Sorten.

TIPPS VON JEAN-PAUL

Blumen mit hellen Farben machen sich besser im Schatten. Stellen Sie die Kiste höher, das gibt immer noch etwas zusätzlich Licht.

Kiste im Picassiette-Stil

KOMPLIZIERT
•
GESCHENKIDEE
•
MIN. 6 MONATE

Diese Kiste ist eine Hommage an das Werk von Raymond Isidore (1900–1964), dessen Haus Picassiette – ironische Zusammenziehung aus Picasso und Teller – unter Denkmalschutz steht. In mystischen Träumen zu Hause, aber wegen seines Lebensstils verlacht, ist dieser bescheidene Straßenkehrer seither in den Olymp der Art brut aufgestiegen. Diese Art von Mosaik entsteht durch Scherben von Tellern, Fliesen oder Ziegelsteinen, kleine Kieselsteine, zerbrochene Spiegel, Muscheln oder kleine Objekte …

Man klebt die Scherben mit Holzleim für den Außenbereich auf die Kiste. Man kann das Holz auch mit Klebemörtel speziell für Kacheln imprägnieren und die Scherben nach und nach eindrücken. Egal welche Methode Sie wählen, füllen Sie die Zwischenräume mit Klebemörtel, der nach ihrem Geschmack gefärbt oder farblos sein kann. Lassen Sie ihn 24 Stunden lang trocknen. Entfernen Sie die verbleibenden Klebereste mit einem feuchten Schwamm und bringen Sie das Holz mit einem weichen Tuch zum Glänzen.

Überraschende Pflanzen

Um diese Kiste farbenfroh zu gestalten, haben wir uns für Pflanzen entschieden, die zwar durch ihre Form auffallen, jedoch eher nüchtern daherkommen: Caudexpflanzen. Dieser Begriff bezeichnet ihr Speicherorgan, das sich gewöhnlich am unteren Ende der Stängel befindet. Damit können die Pflanzen eine lange Trockenperiode überstehen.
Auf Pflanzenfestivals werden Sie einen Stand mit Sukkulenten finden, gewöhnlich auch Caudexpflanzen.

Pachypodium, Fockea, Wüstenrose, Bowea, Yamswurzel … Komplizierte Namen für recht einfache Pflanzen: Im Winter setzt man sie in einem mäßig geheizten Wintergarten vollständig aufs Trockene. Dass die Blätter abfallen, muss Sie nicht weiter beunruhigen. Im Frühjahr lassen sie ihr erstes Grün erblicken, und man kann dann auch allmählich wieder anfangen zu gießen. Im Mai kann die Kiste ins Freie, jedoch nicht ohne Schutz vor der Nachmittagssonne.

Fockea edulis

Begonie carolineifolia

Überraschende Begonie

Eine Begonie, die aufgrund der rauen Form ihres fleischigen Stammes hervorragend dazu passt. Es handelt sich hier um die Begonie carolineifolia. Sie blüht von Februar bis April, verliert dann einen Teil ihrer Blätter und lebt im Sommer wieder auf. Nachdem sie sich jahrelang in ihrem Topf gelangweilt hat, hat sie Gefallen daran gefunden, in Gesellschaft mit zwei anderen Caudexpflanzen zu gedeihen: Vitaceae, mit feinen, gespitzten Blättern und Fockea edulis mit einer Verdickung am unteren Ende, die mit kleinen Warzen übersät ist. Erstere ist mexikanischer, Letztere südafrikanischer Herkunft.

Ein Hoch auf die Begonien!

EINFACH
•
ÜPPIGES WACHSTUM
•
MIN.
6 MONATE

Man kann gar nicht genug Begonien mit dekorativen Blättern haben. Sie bilden das Hauptthema in dieser beeindruckenden Symphonie in grün und rot Dur. Die Leisten rahmen diese Pflanzenpracht ein. Während der ganzen schönen Saison kann man sich nicht sattsehen, und es genügt, das Ganze in den Wintergarten zu bringen, um zumindest einen Teil des Winters noch etwas davon zu haben. Was will man mehr? Ein China-Fuchsschwanz blitzt spitzbübisch aus dieser Fülle an Blüten hervor.

Tipps von Jean-Paul

Stützen Sie diese Begonien gegenüber den Seitenwänden ab und lassen Sie ihnen genug Platz, um sich zu entwickeln.
Beobachten Sie, ob sich kleine Schnecken nicht in die Begonien flüchten, um von dort aus ringsherum alles wegzuknabbern.

1

2

3

4

1 Der Stoff, aus dem die Träume sind
Einfach in der Gärtnerei darauf achten, ob eine dieser Begonien im Frühjahr erhältlich ist. Die Pflanze entfaltet im Handumdrehen ihre Blütenpracht, deren Effekt monatelang anhält. Staunen Sie, wie die weißen und rosa Farbtupfer ausreichen, um das Grün der Blätter hervortreten zu lassen.

2 Begonien
Nichts geht über bronzefarbene Blätter, um weiße Blüten zur Geltung zu bringen. Das ist genau hier der Fall und das Spektakel hielt monatelang an: Man hätte sie auch für Kamelien im Hochsommer halten können.

3 Seidenbegonien
Von solcher Schönheit muss man einfach ergriffen sein. In Falten gelegt und meliert, ein hochpreisiger Stoff für eine Begonie, die übrigens die widerstandsfähigste ist. Wenn Sie ihr begegnen, ist es ganz egal, dass sie keinen Namen hat, adoptieren Sie sie einfach!

4 Fächerblume
Durch die wachsartigen Blütenblätter übersteht die Fächerblume gut die verschiedenen Witterungsbedingungen, egal ob es regnet oder die Sonne scheint. Gießen Sie sie regelmäßig, und düngen Sie ab und zu, da sie, wie ihr Name schon sagt, gefräßig ist.

Rüschen und Spitzen

Das ganz einfache Arrangement hat das Ende des Sommers aufgeheitert, in dem die Begonie mit roten Blättern einen tollen Kontrast zu der prächtigen, violett umrandeten Fächerblume bildet. Etwas schüchtern fügt ein Edellieschen den willkommenen Farbtupfer hinzu. Das Ganze befindet sich in einer teilweise rot angestrichenen Kiste. Wir mussten die Kiste erhöhen, da die Sceavola gerne „Kniebeugen" macht.

Alpenveilchen in Freiheit

EINFACH • GANZ NATÜRLICH • 4 MONATE

Schluss mit dem Blues des Jahreswechsels, jetzt kommt die Zeit der niedlichen kleinen Alpenveilchen! Diese Kiste hat ihre Wirkung schon durch die Guzmanie erzielt, die sich in der Sommerhitze etwas beruhigt hat. Daran soll es nicht scheitern! Da sich die gefleckten Seggen gut halten, haben wir ihnen ein rotes Mini-Alpenveilchen und eine weiße Glockenblume dazugesetzt. So scheint es, als wäre der Frühling schon da, obwohl noch lange Winter ist.

TIPPS VON JEAN-PAUL

Die meisten mehrjährigen Frühlingsblumen blühen im September wieder ein bisschen auf, wie z.B. der Elfenspiegel, wenn er nach der Blüte zurückgeschnitten wird.

Lassen Sie den Topf mit den Alpenveilchen zehn Minuten in Wasser einweichen, um die Wurzelballen vor dem Einpflanzen hinreichend zu tränken. Wenn Sie die Kiste nahe am Haus beherbergen, werden die Alpenveilchen noch im Januar blühen. Danach werden sie sich endgültig zur Ruhe begeben, Mission erfüllt.

Und die gute Laune kehrt zurück

EINFACH • GANZ NATÜRLICH • 3 MONATE

Erinnern Sie sich daran, wie prächtig der weiße Elfenspiegel (siehe Seite 122) im Mai und Juni war und während des Sommers etwas schläfrig war? Ein leichter Schnitt mit der Schere hat genügt, um ihn wieder aufzuwecken. Ein rosafarbenes Alpenveilchen bringt Lebenskraft hinein, in Gesellschaft mit blauen Veilchen, die jedoch unweigerlich für einen Großteil des Winters verschwinden. Damit ist fast der Kreislauf geschlossen.

Der Jahreswechsel in Schönheit

EINFACH • HERBST/WINTER • 4 MONATE

Die frischen Nächte im September haben auch was Gutes, nämlich jene Pflanzen zu stimulieren, die mit einer Rückkehr zu überraschen wissen. Das Zwerg-Ehrenpreis beginnt wieder zu blühen, wenn auch etwas zaghaft, während die Wolfsmilch Diamond Frost in einem unübertrefflichen Farbton zurückkehrt. Drei kleine Alpenveilchen genügen, um sanft das Purpurglöckchen aufzuwecken.

Polster-Ehrenpreis „Georgia Blue“

Diese teppichbildende Pflanze ist die Großzügigkeit in Blumengestalt: Mitte März heißt sie den Frühling mit einem unglaublichen enzianblauen Teppich willkommen. Dann scheint sie ein wenig nachzulassen, bis sie im September durch feine Striche wieder mehr Farbe bekommt. Und was für eine Widerstandsfähigkeit!

Von kleinen lustigen Gesellen

Die Mini-Alpenveilchen gibt es in einer breiten Palette an Formen, mit verschieden großen Blütenblättern und einer Vielzahl von Farben, von klarem Weiß bis hin zu fast schwarzem Purpurrot. Was die Blätter betrifft, sind genauso viele Formen vertreten wie bei den bunt blättrigen Efeuarten.

Und es dauert so lang

ANSPRUCHSVOLL
•
ÜPPIGES WACHSTUM
•
MIN.
6 MONATE

„Et le temps dure longtemps", und es dauert so lang, wie es in dem Chanson von Nino Ferrer heißt, auch wenn diese Kiste nicht an Louisiana erinnert und noch weniger an Italien. Eins ist sicher: Es ist kein Problem, die sogenannten „Zimmerpflanzen" in Kisten zu pflanzen, um damit eine Terrasse oder einen Balkon zu schmücken, die vor der brennenden Nachmittagssonne geschützt sind. Eine Radermachera mit prächtigen, mehrstöckig angeordneten Blättern gibt sich so im Freien die Ehre. Zu ihren Füßen profitiert auch eine Kanonierblume mit runden Blättern davon und streckt sich lang aus, da sie zuvor in einem kleinen Topf in der Ecke eines Buffets eingezwängt war. Bei einem kurzen Besuch in der Gärtnerei haben wir eine buntblättrige Schefflera aufgespürt, die sich hervorragend in dieses üppige Grün einfügt. Schließlich bringt eine rosafarbene Catharanthe einen Touch Helligkeit, der sich auch durchsetzen kann. Kurz vor Allerheiligen, wenn es zum ersten Mal in vielen Teilen der Region friert, wird es langsam Zeit, diese Kiste ins Wohnzimmer in die Nähe eines Fensters zu bringen. Ein großes Tablett reicht aus, um das Wasser zu aufzufangen.

TIPPS VON JEAN-PAUL

In solch einer Kiste kann man leidenden Zimmerpflanzen ein zweites Leben ermöglichen. Wenn Sie sie umordnen und im Sommer nach draußen stellen, können sich die Pflanzen buchstäblich verwandeln. Aber nie in der Nachmittagssonne!

In diesem Arrangement ist eine buntblättrige Pflanze nicht zu viel, da das Grün sonst überhandnimmt. Das trifft sich gut, denn hiervon gibt es eine große Bandbreite unter den Zimmerpflanzen. Achten Sie darauf, dass Schnecken keinen Unterschied zwischen Außen- und Zimmerpflanzen sehen.

Rosafarbene Catharanthe und buntblättrige Schefflera

Rosafarbene Catharanthe

Der kleine rote Farbtupfer in der Mitte dieser Rosafarbenen Catharanthe genügt, um sofort den Eindruck von Frische zu erhalten, den sie ausstrahlt. Im Juni gepflanzt, steht sie im Oktober immer noch in Saft und Kraft, wenn sie ab und zu gedüngt und nicht zu viel gegossen wird.

Piléa peperomioides (Glückstaler)

Bisher nur bei erfahrenen Sammlern bekannt, hat diese aus Südchina stammende Pflanze ihren Erfolg verdient. Die Engländer nennen sie money plant, da ihre kreisrunden Blätter wie Geldmünzen aussehen.

Herbstarrangement

EINFACH • RECYCLING • 1 MONAT

Erinnern Sie sich nicht? Doch, natürlich: Die Kiste mit der Petunie Cabernet. Der Sommer war nicht nett zu ihr, da er sie nicht mit genug Wasser bedacht hat. Nachdem sie sich drei Monate lang redlich bemüht hat, muss man erkennen, dass sie ausgedient hat. Also auf zum Blumenmarkt, um Zwergastern zu finden. Und hier ist das Ergebnis, etwas gesetzt und ernst, aber die Zinerarien lockern das Ganze auf. Von Jahreszeit zu Jahreszeit bleiben also die Kisten, und das Vergnügen wechselt.

Zwergaster
Lassen Sie sich von diesen Astern verführen, die ab Ende August zuhauf angeboten werden. Kaufen Sie solche, die noch nicht ganz aufgegangen sind und bei denen gerade ihre Färbung sehen kann. Sind die Knospen erst einmal aufgegangen, gibt es kein Halten mehr.

EINFACH • MIT PEP • 2 MONATE

Alles im Kontrast

Zwergastern sind Blumen, die fast nichts kosten und den Herbst zu einer Jahreszeit voller Überraschungen machen. Hier stellen sie mithilfe einer makellos weißen Fächerblume und einer Süßkartoffel mit purpurroten, fast schwarzen Blättern den Übergang zur Schönheit sicher. Das Violett der Astern scheint zu vibrieren und stellt seine ganze Anmut diesem Arrangement in einer flachen Kiste zur Verfügung.

Tipps von Jean-Paul

Gießen Sie regelmäßig, um diesen schönen Effekt anzuregen, bis einschließlich September, der oft noch einige schöne Tage in petto hat. Bohren Sie Löcher in die Erde, damit das Wasser bis zu den Wurzeln durchdringen kann. Wässern Sie die Töpfe mit den Astern, bevor Sie sie umsetzen, um die Wurzelballen am Boden zu durchnässen.

Im Land der Steinkräuter

Alyssum maritimum gehört nicht mehr in die Gattung Alyssum und heißt deshalb Lobularia maritima (Strand-Silberkraut), aber daran werde ich mich nie gewöhnen. Es ist normalerweise gegen Ende des Sommers am schönsten. Es breitet also seinen weißen, nach Honig duftenden Blütenteppich aus. Um sich in der Eintönigkeit nicht zu verlieren, genügen einige Farbtupfer: Astern und ein Purpurglöckchen in der Farbe „Creme brulée, aber nicht zu viel". Das Arrangement erweckt den Eindruck fallenden Schnees auf tote Blätter. Wenn uns die Nostalgie packt …

Wähen Sie vorzugsweise Lobularia-Sorten, die aus durch Samen gezogenen Stecklingen stammen. Diese sind zwar etwas teurer, aber sie halten viel länger, sodass es sich wirklich lohnt. Die neuen Blumen reihen sich monatelang alle am Ende der Stängel aneinander, ohne Samen zu produzieren. Die Sorte „Snow Princess" ist am weitesten verbreitet.

EINFACH • ÜPPIGES WACHSTUM • 2 MONATE

Kaschmir und Loden

Diese für 12 Weinflaschen vorgesehene Kiste ist der Beweis dafür, dass bunte Blätter ausreichen, um eine prächtige Atmosphäre zu schaffen. Eine einzige Buntnesselpflanze genügt, um sich zu behaupten. Was zu Beginn eine einfache Pflanze von 20 cm Breite war, hat nun sein Volumen mehr als verdreifacht. Dies hat die tief purpurfarbene Süßkartoffel mit ihren herzförmigen Blättern dazu veranlasst, das Licht außerhalb der Kiste zu suchen, indem sie sich auf aparte Weise herauswindet. Die Blütenpracht von Crossandra, welche zu Beginn aus Angst vor zu wenig Farbe hinzugefügt wurde, hat nicht lange standgehalten. Zum Herbstanfang kann man ruhig weiter das Prickeln eines Bromeliengewächses hinzufügen, genauer gesagt eine Guzmanie. Aus der Buntnessel mit ihren Blättern in Herbstfarben sind Stecklinge gesetzt worden, damit auch sie den Winter im Warmen verbringen kann.

Crossandra

Diese nette kleine Crossandra wurde sozusagen zweckentfremdet, nachdem sie in einer Ecke auf dem Schreibtisch vor sich hinvegetiert hat. Wäre der Sommer nicht ungewöhnlich kalt gewesen, hätte sie sich gut entwickelt. Eine orangefarbene Begonie hätte einen besseren Dienst geleistet.

Buntnessel

Geben Sie auch hier den Buntnesseln den Vorzug, die aus Stecklingen gezogen wurden und zusammen im Topf angeboten werden. Sie sind besser als die Ausgesäten und haben schönere Farbgebungen.

Das neue Sortiment mit sehr großen Blättern erweist sich oft als sehr anfällig.

TIPPS VON JEAN-PAUL

Solch ein Arrangement braucht Wasser, jedoch kommt es hier mehr auf die Regelmäßigkeit als auf die Menge an. Bringen Sie alle 14 Tage flüssigen Dünger bei, verdünnte Brennnesseljauche zum Beispiel. Wurmkompostierung eignet sich auch hervorragend, um das Wachstum anzuregen: Eine kleine Handvoll davon im Gießwasser ergibt eine „Suppe", mit der alle vier Wochen gedüngt werden sollte.

Schneiden Sie im Oktober Sprossen der Buntnessel in einer Länge von ungefähr 15 cm ab und lassen Sie sie zusammen mit einem Stück Holzkohle in einem einfachen Glas Wasser austreiben. Topfen Sie die Triebe dann um, damit sie im Haus überwintern können.

Rückkehr der Inder

Bollywood oder Taj Mahal? Wie auch immer: Bei diesem Arrangement (das Mai-Arrangement auf der rechten Seite) hatten wir Lust, scheinbar nicht kombinierbare Farben zusammenzustellen, etwas Schillerndes, Exotisches.
Also indisch, genau wie diese Soßen, die gleichzeitig süß und scharf sind und Chicken Tikka Masala den Kick geben. Der Start ist sehr brav: ein eindrucksvoller, karminroter Brandschopf sowie zwei kleinere und im Hintergrund zwei Begonien mit metallicfarbenen Blättern. Zu dem Zeitpunkt hatten wir noch nicht mit der überraschenden Entwicklung des großen Brandschopfes gerechnet, der nicht aufhörte, Sprossen zu produzieren, an deren Ende wunderschöne gefleckte Blätter saßen.

EINFACH • ANSPRUCHSVOLL • MIN. 5 MONATE

TIPPS VON JEAN-PAUL
Stützen Sie die Pflanzen nahe der vier Ecken ab, um möglichst viel Platz in der Mitte der Kiste zu haben.

Im Laufe der Zeit hat sich der große Brandschopf unter dem Gewicht nach unten geneigt, wodurch sich die Stängel nach oben gebogen haben. Noch schöner! Es fehlte nur ein lebhafter Farbklecks, um das Arrangement etwas aufzuhellen: Was gibt es Schöneres als orangefarbene Chilischoten. Nur mit den Augen verschlingen!

Begonie mit Ritterrüstung
Eine Fantasie-Bezeichnung, aber sehr passend für diese Begonie mit silberfarbenen Blättern, welche nebeneinander aufragen. Es handelt sich vielleicht um die Begonie „Bolero", aber wie der Name auch sei, werden Sie wahrscheinlich dieselbe zufällig im Regal eines Blumenhändlers finden. Diese kleine Begonie hat sich draußen in der Kiste sehr gut gemacht, dann kam sie ins Haus.

Punktblatt
Erstaunlich, dass man diese Außenpflanze nicht öfter sieht. Es kann eigentlich nicht daran liegen, dass sie aufgrund ihrer Herkunft, nämlich Madagaskar, unsere Sommer nicht aushalten könnte, oder? Man muss sie einfach nur vor der Nachmittagssonne schützen. Ihre Blätter sind mit kleinen weißen, rosafarbenen und roten Tupfen gesprenkelt.

Buntblättrige Buntnessel
So wie die Buntnesseln in den großen Kisten neben den anderen Blumen deplatziert zu sein schienen, genauso finden sie ihre Berechtigung in einem exotisch anmutenden Arrangement wie diesem. Ursprünglich sind es hochmütige Pflanzen, die zur Zeit der Blüte im August bis zu 60 cm hoch werden. Die Züchter haben es geschafft, ihren Zyklus zu begrenzen und zu beschleunigen, sodass man sich bereits ab Juni an den Blumen erfreuen kann. Leider haben es die Gärtner zu gut gemeint, indem sie ihnen manchmal Zwergwuchs verursachende Substanzen gegeben haben. Deshalb haben sich die rosafarbenen Buntnesseln so wenig entwickelt, während die purpurfarbene in voller Blüte steht.

Damit das Ganze noch ansprechender aussieht, können Sie zu Beginn die Erde mit Kies bedecken. Sie können auch farbigen Kies für Aquarien nehmen. Alles ist erlaubt.

Um Ihrerseits das Bestmögliche zu geben, stellen Sie dieses Arrangement nicht vor Mitte Mai zusammen, da ihnen kalte Nächte nicht behagen.

In aller Ehrfurcht

ÜPPIGES WACHSTUM
•
ETWAS ANSPRUCHSVOLL
•
MIN. 6 MONATE

Schauen Sie sich um: Es gibt immer wieder Zimmerpflanzen, die vor sich hinvegetieren, was kein gutes Zeichen ist. Das war der Fall bei dem buntblättrigen Drachenbaum, der in diesem Arrangement den Ton angibt. Ihm stand ein baldiges Ende bevor, ganz krumm von der Suche nach Licht. Aber gleichzeitig hatte diese Krümmung auch etwas. Indem wir ihn in eine schöne Kiste gesetzt und ihm einige Gefährten gegeben haben, haben wir ihm neuen Lebensmut gegeben. Nach einigen Monaten im Freien und nachmittags m Schatten, um nicht zu verbrennen, hat er sich prächtig entwickelt. Um ihn herum leisten einige Begonien ihren Beitrag, und immer mit demselben Erfolg. Sie finden sie auch in anderen Arrangements in diesem Buch, genauso nutzlos, um innezuhalten. Die buntblättrige Punktblatt ist auf der Suche nach dem Licht, während der Klettergummibaum neben ihr sich aus der Kiste rankt.

Solch eine Kiste sollte Mitte Oktober in Sicherheit gebracht werden, da diese schöne Welt beim ersten Frost stirbt. Es liegt bei Ihnen, sich für den Wintergarten oder das große Fenster zu entscheiden. Vergessen Sie nicht, eine große Schale unter die Kiste zu stellen, damit kein Wasser ausläuft. Verringern Sie im Winter das Gießen, damit die Speicherkapazität im April zunimmt. Stellen Sie die Kiste im Mai nach draußen. Wenn das Punktblatt den Winter nicht überstanden hat, tauschen Sie es aus.

TIPPS VON JEAN-PAUL

Da die ausgewählten Pflanzen unterschiedlich groß sind, empfehlen wir, die doppelte Anzahl zu verwenden, um den Kontrast zu verstärken, wie hier bei den beiden roten Begonien „Rex" und den beiden buntblättrigen Punktblattpflanzen. Das ist besser als ein pointilistisches Arrangement.

Punktblatt, purpurfarbene Begonie, buntblättriger Drachenbaum

Versailles mit Spitzeneffekt

EINFACH • DEKORATIV • 2 MONATE

Die Idee für dieses Arrangement, sowohl klassisch als auch recht minimalistisch, hatten wir, als wir Basilikumbäume entdeckten. Dies ist ganz einfach Basilikum mit kleinen Blättern, die auf den Stängeln eines normalen Basilikums aufgesetzt wurden und so kräftiger sind. Das kleinblättrige Basilikum verzweigt sich wie gewohnt und nimmt die Gestalt eines kleinen Baumes an. Aha! Und wenn man daraus falsche Linden- oder Kastanienbäume machen würde? Da Gilles auf Symmetrie steht, haben wir zwei gekauft. Zur Vervollständigung des Arrangements bilden zwei Büschel Kanonierblumen einen Kontrapunkt auf dem Boden, die zwei Kreise kurz geschorenen Rasens nachbilden. Es kam darauf an, Pflanzen zu finden, die ebenso winzige Blätter haben. Die Helxine wäre auch geeignet gewesen, und wir haben sie auch in anderen Arrangements verwendet, aber sie tendiert dazu, sehr groß zu werden, wohingegen diese Kanonierblume langsam wächst. Gilles hat hellen Sand verteilt, um diese schönen Elemente zur Geltung zu bringen und dann einige Blüten der Pimpernelle abgeschnitten und sie hier und dort eingepflanzt.

TIPPS VON JEAN-PAUL

Wenn Sie sich für den noch nicht sehr im Handel verbreiteten Basilikumbaum entscheiden, seien Sie vorsichtig, denn er kann beim Umpflanzen sehr leicht brechen. Das kann sogar beim Gießen passieren. Sollten Sie kein aufgepflanztes Basilikum haben, nehmen Sie normalen kleinblättrigen Basilikum, aber entfernen Sie die Blätter am unteren Ende der Stängel bis auf 5 cm, um falsche Schäfte freizulegen.

Minigärten der Welt

Man braucht nicht viel, um vom Reisen zu träumen: einige gut ausgesuchte Pflanzen, mehr oder weniger gefärbten Sand und vor allem die dazugehörende Geschichte.

Hier folgen einige Kisten, die so wirken, als wäre man von einer Entdeckungsreise zurückgekehrt.
Man erhält oft ein gutes Resultat, wenn man Pflanzen zusammen anordnet, die schon in der freien Natur nahe beieinander wachsen. Natürlich beinhaltet dies, wie jede Regel, viele Ausnahmen. So kann man Pflanzen aus heißen Wüsten von verschiedenen Kontinenten oder aus Regionen mit Mittelmeerklima ohne große Enttäuschung zusammen arrangieren. Wir haben das gemacht, indem wir verschiedene Kisten nebeneinandergestellt haben, z. B. mexikanische und südafrikanische.

Woher stammt diese Pflanze?

Das Ziel dieser Minigärten von der ganzen Welt war, Ihre Aufmerksamkeit auf die Herkunft jener Pflanzen zu richten, die uns von den Gärtnern empfohlen wurden. Die Durchmischung ist schon so weit gegangen, dass man gar nicht mehr weiß, dass die Kapuzinerkresse aus Südamerika stammt und nicht nur aus dem Garten unserer Großmutter. Oder, dass die Ebenen in Kalifornien einen Blütenteppich wie bei Monet haben können, oder der orangefarbene Mohn unseren Klatschmohn ersetzt.

Sanft im Ethno-Stil

Um eine exotische Atmosphäre zu verstärken, reicht nur ein kleines Detail. Der rote Sand aus der Aquarienhandlung erinnert an Tropenstrände, während der grobkörnige Kies Felswüsten suggeriert. Ein Hinweis: Nehmen Sie nicht zu viel davon, das sind Pflanzen, die Atmosphäre schaffen sollen, und dazu sind sie perfekt in der Lage. Leben Sie Ihre Kreativität lieber an den Kisten selbst aus, wenn das Sie reizt.

Ziel Wüste

EINFACH • RAFFINIERT • MIN. 6 MONATE

Als sie die Wüsten von Mexiko und im Süden von den Vereinigten Staaten erreichten, entdeckten die Pioniere aus Europa überraschende Pflanzen, die in der Lage waren, monatelang ohne einen Tropfen Wasser zu überleben. Ganz ohne Stacheln, verdanken die Sukkulenten ihr Überleben ihrem flüssigkeitsreichen Gewebe. Sie besitzen die am meisten grafisch geformten Ausgestaltungen in der Natur: strikte geometrische Formen mit einem seltenen Erfindungsreichtum. Die Schaffung kleiner Landschaften verstärkt diese Präsenz noch. Dies ist das erste Arrangement mit Sukkulenten, und gleich im ersten Anlauf die Lieblingskiste von Gästen. Es genügt, Staudensukkulenten, wie z. B. der Geldbaum „Gollum“, mit anderen kriechenden Pflanzen, wie das Mini-Dickblatt, zusammenzustellen und vor allem die verblüffende, krautige Pflanze Graptopetalum. Diese Art von Kiste gefällt besonders Kindern, die dort gerne ihre Spielzeug-Reiter im Sand verstecken.

TIPPS VON JEAN-PAUL

Achten Sie bei den Kisten mit Sukkulenten besonders auf den Abfluss. Eine Schicht Kork auf dem Boden stellt sicher, dass das überschüssige Wasser ablaufen kann. So wiegt die Kiste auch viel weniger als bei der Verwendung von Tonscherben.

Wüstenblumen

Bedecken Sie die Erde mit einem Fingerbreit (2 cm) Kies- und Sandgemisch, das ist viel natürlicher. Dazu einige größere Steine und die Sache ist geritzt.

EINFACH • GENÜGSAM • MIN. 6 MONATE

Sukkulenten nehmen erstaunliche Farbnuancen an: purpurrot, bronzefarben oder bläulich. Mit ihren Rosetten, die an in der Sonne liegende Artischocken erinnern, sind die Echeverien die Stars. Die buntblättrige Crassula sarmentosa zeigt ihre Fantasie, indem sie ihre Stängel zur Sonne emporreckt. Zwei blühende Portulakröschen bringen noch etwas Farbe ins Spiel. Bepflanzen Sie die Kiste nicht zu dicht, denn der visuelle Effekt ist besser, wenn man noch den Boden zwischen den Pflanzen erkennen kann. Ihre Mischung sollte beinahe zur Hälfte aus Puzzolan bestehen.

Setzen Sie die Pflanzen möglichst nah an den Rand der Kiste, damit sie sich nach außen entwickeln können und nicht unter ihrem eigenen Gewicht umfallen; umso schöner werden sie.

Echeverie, Portulakröschen und Crassula sarmentosa

Tolle Sukkulenten

Spezialisten für Sukkulenten empfehlen junge Pflanzen für einige Euro, was auch ihren Erfolg bei Kindern erklärt. Kaum zu glauben, dass die zu Beginn winzigen Pflanzen sich so üppig entwickeln können. Da spielen ihre Namen keine Rolle, zumal die krakelig beschrifteten Namensschilder schon seit ewigen Zeiten verschwunden sind ... Behalten Sie einfach im Hinterkopf, dass die Sukkulenten nicht dazu bestimmt sind, in herrlicher Isolation zu leben. Ganz im Gegenteil: Wir haben hier Pflanzen zusammengestellt, die seit zwei Jahren jede für sich allein vor sich hinvegetiert haben. Sie haben zu neuer Energie gefunden, und es ist auch längst noch nicht zu Ende. Auf ihrer Suche nach Licht außerhalb der Kiste verhalten sich ihre Stängel ganz wunderlich.

TIPPS VON JEAN-PAUL

Gießen Sie mit zunehmender Wassermenge, wenn die Hitze einsetzt. Entgegen der landläufigen Meinung schätzen die Sukkulenten Wasser. Reduzieren Sie den Turnus ab Oktober bis April, indem Sie alle 10 Tage ein wenig Wasser geben.

Wenn sich Frost ankündigt, sollten die Kisten mit den Sukkulenten in Sicherheit gebracht werden: ein ungeheizter Wintergarten, eine durch Fenster erhellte Garage oder ein frostsicheres Gewächshaus.

EINFACH • ÜPPIG • MIN. 6 MONATE

Kalanchoe

Die Kalanchoe fedtschenkoi (oder Bryophyllum) hat Blätter mit feinen, rosafarbenen Umrandungen und tritt gehäuft auf. Die gelb-orangenen Blüten gehen im Spätfrühling auf.

Portulak

Besorgen Sie sich im Mai eine Schale dieser Portulakröschen mit gefüllten Blüten, um Farbe in Ihre Sukkulenten-Arrangements zu bringen.

Graptopetalum

Unter den falschen Artischocken wissen die Graptopetalum uns mit ihren unglaublichen Farben zu begeistern, von Silber bis Koralle. Im Alter verändern sie ihr Aussehen auf überraschende Weise.

Crassula sarmentosa „Variegata“

Da sie eine elegante Rankpflanze ist, kommt diese Sukkulente am besten in einer höhergestellten Kiste zur Geltung.

Flug über eine Oase

So wirkungsvoll können vier Kisten mit Sukkulenten auf einem Bett aus Leinsamen aussehen. Die unterschiedlichen Ausgestaltungen ergänzen sich hervorragend mit der Sortenvielfalt. Man kann Stunden damit verbringen, sich in diese Szenerie zu vertiefen, obwohl es nicht das Anliegen des Arrangements ist, für Ihre Unterhaltung zu sorgen! Achten Sie jedoch auf Schnecken, die manche Sukkulenten auch mögen ...

Ziel Südamerika

TIPPS VON JEAN-PAUL

Sie haben keine Rankhilfen? Die Kapuzinerkresse ringelt sich von selbst. Treten vermehrt schwarze Blattläuse auf, zerdrücken Sie sie zwischen zwei Fingern, das ist alles.

Kapuzinerkresse „Peach Melba"
Mit ihren roten Farbklecksen auf ihrem schönen, hellgelben Blütengewand wäre der Name „Erdbeere mit Sahne" passender. Sie blüht in rauen Mengen, und mehr erwartet man ja auch nicht von ihr!

Kapuzinerkresse „Crimson Emperor"
Diese Sorte hat auf der anderen Seite des Ärmelkanals die höchsten Auszeichnungen gewonnen. Der Grund dafür liegt in dem wochenlang anhaltenden, puterroten Farbton ihrer Blüten, dessen Wirkung intensiv und beruhigend zugleich ist.

Parakresse
Fallen Sie nicht auf ihren Namen herein: Diese ursprünglich aus Paraguay stammende „Kresse" ist viel schärfer als unsere einheimische. Die madagassische Küche und jene aus La Réunion verwenden sie häufig unter dem Namen „Jambú", vor allem bei Romazava, eine Art geschmortes Rindfleisch.

Wetten, dass die Eroberer angenehmen überrascht waren, als sie bei ihrem Einfall in Peru die Kapuzinerkresse entdeckten. Die Form ihrer Blüten erinnerte sie an die Kapuzen der Kapuzinermönche, daher der Name. Die Kapuzinerkresse entwickelt ohne Unterlass nahezu runde Blätter und die Blüten tun sich schwer, da herauszuragen. Zum Glück haben die Gärtner sich damit verdient gemacht, Sorten auszuwählen, deren Blüten besser zu sehen sind.
Um bei der südamerikanischen Note zu bleiben, haben wir zu der Kapuzinerkresse eine Paprikapflanze gesetzt, die ein bisschen in der Masse untergeht, und Parakresse, bei der man den gelben Blütenstand am Boden schon erahnt. Diese diskrete Konkurrenz hat die Kapuzinerkresse dazu gezwungen, üppig zu blühen, anstatt nur Blätter zu produzieren. Daher dieses spektakuläre Ergebnis.

Machen Sie sich beim Aussäen der Kapuzinerkresse keinen Stress: Die ersten Tage im Mai sind perfekt. Drücken Sie drei bis fünf Samen in die Töpfe. Die Keimung dauert zwei Wochen.
Setzen Sie die Pflanzen einen Monat später in die Kiste. Zwei Pflanzen reichen bei Weitem aus.

Ziel Tropen

EINFACH • GENÜGSAM • 4 MONATE

Der Sommer war schon weit fortgeschritten, als man uns eine Chayote anbot. Diese gurkenähnliche Pflanze wird auf den Antillen „christophine" und auf La Réunion „chouchou" genannt. Sie hat sich dank eines milden Septembers rasant entwickelt. Trotzdem war es zu spät für sie, zu blühen und Früchte hervorzubringen, die wie Avocados aussehen und nur einen einzigen großen Samen enthalten. Dazu gesellen sich ein Chinesischer Roseneibisch und ein weißer Exacum, dessen Blüten nach Honig duften.

TIPPS VON JEAN-PAUL

Drücken Sie im Mai die gesamte Chayote in eine Ecke der Kiste. Häufig treiben sie dann schon aus. Der Rest ist einfach eine Frage des Gießens.

Chinesischer Roseneibisch
Im August in die Kiste gesetzt, blüht er noch im November, wenn es dann Zeit wird, sie in den Wintergarten zu bringen.

Chinesischer Roseneibisch

1 Gemüse-Eibisch
Diese Pflanze ist mit dem Hibiskus verwandt und produziert nur einen einzigen Stängel. Die Früchte werden noch unreif gegessen.

2 Guinea-Eibisch
Die zartrosa Blüten sind unten von einem fleischigen Kelch in schönem Rot umgeben. Sie werden für Tee verwendet und die Kapseln ergeben ein säuerliches Getränk mit herrlicher Rotfärbung, das Bissap genannt wird. Hervorragender Durstlöscher, insbesondere wenn man noch ein wenig Minze und Honigkraut für mehr Süße hinzugibt.

3 Baumwollpflanze
Ihre Freunde werden sehr überrascht sein, wenn sie zuerst die blassrosa Blüten der Baumwollpflanzen und einige Wochen später die Kapseln aufgehen sehen, um dann die makellosen Baumwollfasern zu bewundern, die die Samen umgeben.

Da man nicht so einfach Baumwollpflanzen findet, muss man unverzüglich Ende April mit der Aussaat beginnen, um sie im Mai/Juni in der Kiste zu platzieren. Geben Sie ihr auch regelmäßig einen Anreiz, beispielsweise verdünnte Brennesseljauche.

Tropenkästchen

Dieses Arrangement, eine echte Herausforderung, hat aufgrund schlechten Wetters nicht geklappt. Am Anfang war das Ergebnis vielversprechend: Die Baumwollpflanze hatte es geschafft, Blüten und Kapseln zu produzieren. Der Guinea-Eibisch hat geblüht und eine Ernte der Kapseln ermöglicht, aus denen man Bissap (ein Getränk) zubereiten kann. Die riemenförmigen Blätter ähneln denen des Zitronengrases. Im Vordergrund hat ein Glanzkölbchen einen misslungenen Gemüse-Eibisch ersetzt.

AMÜSANT • SCHMACKHAFT • 4 MONATE

Ziel Südafrika

TIPPS VON JEAN-PAUL

Setzen Sie diese Pflanzen an die Ränder der Kiste, damit sie so weit wie möglich herauswachsen können. Schneiden Sie Elfensporn und Elfenspiegel nach der üppigen Blüte gegen Ende des Frühjahrs auf die halbe Länge zurück, damit sie neue Blätter bilden und Ende August erneut blühen können.

In der Gegend um Kapstadt heißt sie Fynbos, an der Südspitze Garrigue: eine Pflanzenformation bestehend aus Sträuchern und unzähligen Blumen, welche miteinander um die Wette strahlen. Etwas weiter entfernt tragen die Drakensberge zur Vielfalt bei. Diese Kiste ähnelt einigen dieser Schönheiten: weißer Elfenspiegel, zartrosa Elfensporn und Grasstern. Eine wahre Augenweide für mehrere Monate.

EINFACH
•
GENÜGSAM
•
MIN.
5 MONATE

Grasstern
Ein komplizierter Name für eine problemlose Pflanze. Man könnte sie für Gras halten, bis zu dem Moment, in dem die sternförmigen Blüten aufgehen, welche monatelang aufeinanderfolgen. Halten Sie sie im Winter weitgehend trocken und frostgeschützt, wenn die Pracht im folgenden Jahr noch schöner zurückkehren soll.

Elfenspiegel Innocence
Wir sind dem Elfenspiegel schon in den englischen Kisten begegnet, und zwar mit Farbspielen. Diese hier spielt etwas nüchterner: reines Weiß. Ein kleines Wunder der Einfachheit, das mit einer langen Lebensdauer einhergeht. Nach der großen Blüte im Frühjahr ruht sie sich im Sommer etwas aus, um im Herbst zurückzukehren. Süßen Duft gibt es dazu!

Bringen Sie diese schöne Welt in den kalten Monaten in den Wintergarten. Gießen Sie nach und weniger und steigern Sie die Wassermenge wieder erheblich ab April.

Doppelsporn
Als Kontrast zu der Stärke des Bogenhanfes geht nichts über einen zartrosa Doppelsporn wie diesen, auch wenn er zu Beginn etwas blass in seinem Topf ausgesehen hat. Im sanften Herbstlicht ist er noch viel reizender.

Die Kraft des Lebens

Was kann es für einen schöneren Kontrast geben als einen vergänglichen Doppelsporn und einen strotzenden Pachyphytum. Der botanische Zusammenhalt ist etwas weit hergeholt, denn Ersterer kommt vom südlichsten Punkt Afrikas und Letzterer aus Mexiko. Man kehrt aus Afrika mit dem Bogenhanf zurück, dessen Blätter wie gewellte Schwerter aussehen. Eine einfach zu haltende Kiste für jene, die Gießen lästig finden.

EINFACH • GESCHENKIDEE • MIN. 5 MONATE

Doppelsporn und Pachyphytum

An der Südspitze Afrikas

Mit diesem Arrangement aus drei Kisten bildet man eine buntgewürfelte Landschaft nach, die recht gut die Vielfalt der südafrikanischen Flora wiedergibt. Eins ist sicher: Man wird sich beim Giessen nicht verausgaben. Der Herbst hält einige Überraschungen durch eine neue Blüte von Elfensporn und Elfenspiegel bereit.

Agnès, Catherine
et Florence
Paris

Suid-Afrika
4d
Posgeld
Postage
South Africa
South Africa
3d
Postage
Posgeld
Suid-Afrika

Sterne des Südens

Man weiß nicht immer, was man mit diesen Gazanien machen soll – diese farbenprächtigen Margeriten aus Südafrika – da ihre Blüten im Gegensatz zu den kleinen Blättern überproportional wirken. Mit Seggen als Nachbarn erhalten sie aber eine gewisse Harmonie. Wie eine Erinnerung an ihre Herkunftsprärie, wo sich die Gazanien inmitten von Gras entfalten. Eine raffinierte Blume gewinnt so an Natürlichkeit ...

EINFACH • DEKORATIV • 4 MONATE

TIPPS VON JEAN-PAUL

In unserem Versuch hat sich das gelbe Seggengras mit bunten Blättern besser gemacht als das weißblättrige. Wenn die Gazanien verblüht sind, kann man sie durch Alpenveilchen austauschen, um die Ankunft des Herbstes zu feiern.

Es empfiehlt sich, die Gazanien nach der Frühjahrsblüte leicht zu gießen, um sie für das nächste Jahr aufzuteilen. Brechen Sie den Stamm in mehrere Teile und topfen Sie diese separat in Töpfe um, oder noch besser zu mehreren kranzförmig in einem Pflanzbehälter angeordnet. Stellen Sie sie im Winter in einer Ecke des Wintergartens unter, um sie im März oder April in die Kiste zu pflanzen.

Zweifelsohne strahlen die zwei Kisten mit Gazanien perfekte Harmonie aus. Ihre Blüte beginnt im April, da es sich um recht langlebige Pflanzen handelt, die ab Ostern bereits draußen stehen können. Die dann folgenden Köpfchen halten sich bis in den Juli hinein. Diese Szenerie macht sich am besten an einem Ort, an dem bereits morgens die Sonne hinkommt: Die Blüten öffnen sich ab 11 Uhr oder auch später, wenn Wolken mit von der Partie sind.

Gazanie

Die ganze Sonne vom Kap in Südafrika scheint aus dieser Blume zu strahlen. Geben Sie beim Kauf besonders eindrucksvollen Blumen, die in kleinen Behältern und nicht in Töpfen gezogen wurden, den Vorzug, da die Menge der Blumen direkt vom Durchmesser der Büschel abhängt.

Gazania „Kiss"

Richtung Kalifornien

GEWAGT • ÜBERRASCHEND • 1 MONAT

Man vergisst es zuweilen, aber Kalifornien ist nicht nur Silicon Valley oder Hollywood: Es beherbergt auch eine ebenso vielfältige wie farbenfrohe Flora. Es muss nur zum richtigen Zeitpunkt regnen, damit die wilden Wiesen mit unzähligen farbenprächtigen Blumen übersät sind. Der Samenhändler Grelin ist auf die gute Idee gekommen, die Stars zu vereinen. Hier ist das Resultat nach kaum drei Monaten!

TIPPS VON JEAN-PAUL

Säen Sie im März in einer Schale eine Prise Samen in die Erde aus. Bedecken Sie sie mit etwas Sand. Die Keimung erfolgt rasch.

Setzen Sie die jungen Pflänzchen im Abstand von mindestens 10 cm in die Kiste. Die Vegetation wird in einigen Wochen an Üppigkeit zunehmen.

Eschcholzia
Sie sagen lieber „Kalifornischer Mohn“ dazu? Wir auch! Seine normalerweise safrangelbe Blütenfarbe kann sich in Cremeweiß verwandeln oder auch eine sorbetfarbene Nuance annehmen. Jede Blume blüht nur ein oder zwei Tage, aber der gesamte Blütenstand erneuert sich während mehrerer Wochen.

Büschelschön (Phacelia campanularia)
Eine Blume in unglaublichem Blau. Sie ist recht launisch und erfreut uns mit ihrem Anblick nur einige Wochen, dafür aber in herrlicher Pracht!

Vogeläuglein
Sonne pur ist alles, was diese Blume aus Kalifornien verlangt, um uns seine violettfarbenen und weißen Trichterblüten mit einer nahezu schwarzen Pupille zu zeigen.

Rosafarbene Bitterwurz

Sobald die ersten Blüten zum Vorschein kommen, geben Sie etwas Geraniendünger in das Gießwasser.
Entfernen Sie die ersten Samenkapseln, um die Blütezeit zu verlängern. Diese Szenerie wird ungefähr vier Wochen andauern.

Richtung Texas

EINFACH • GENÜGSAM • MIN. 5 MONATE

Bei den Pflanzen, die aus Texas und Mexiko stammen, ist eines sicher: Die Hitze unserer Sommer wird sie nicht leiden lassen. Die Idee für diese Kiste entwickelte sich im April mit einem eingetauschten Schwarzen Johannisbeer-Salbei auf einer Pflanzenbörse in der schönen Stadt Sainte-Foy-la-Grande im Departement Gironde. Nun blieb nur noch, eine adäquate Prachtkerze zu finden. Die Kokardenblume war eher nur Statist, da sie sich nicht so gut gehalten hat. Der Rest hat bis in den Oktober geblüht!

Bedecken Sie den Boden mit etwas Kies und einigen größeren Steinen, um den naturbelassenen Eindruck zu verstärken. Nach der ersten Blütenpracht schneiden Sie die Büschel des Salbei und der Prachtkerze auf die Hälfte zurück. Stellen Sie das Gießen für 14 Tage ein; fangen Sie dann wieder an, indem Sie etwas Dünger hinzufügen, um das neue Wachstum anzuregen. Die erneute Blüte wird nicht lange auf sich warten lassen. Wenn Sie die Kiste nahe dem Haus platzieren, müsste sie den Winter unbeschadet überstehen. Wenn jedoch die Temperatur unter 10° C sinkt, heißt es Richtung Garage ...

1 Schwarzer Johannisbeer-Salbei
Er wird auch Salvia microphylla genannt und existiert in verschiedenen Arten, von Cremeweiß bis Purpurrot, auch wenn die basische, rote Sorte unsere bevorzugte bleibt, da sie sehr langlebig ist. So blüht sie ohne Unterbrechung von Mai bis zum Frost. Was will man mehr?

2 Gaura
Da der Platz in der Weinkiste zwangsläufig begrenzt ist, haben wir auf die neuen Halbzwerg-Prachtkerzen gesetzt. Diese bieten quasi einen Langstreckenflug mit zweifarbigen Blüten an rötlich gefärbten Stängeln.

3 Gaillarden
Kleine Enttäuschung mit dieser Kokardenblume. Warum? Aus Kostengründen haben wir einen Topf anstatt einer Pflanze in einer Schale gekauft, was besser gewesen wäre. Diese wäre auch weiter entwickelt gewesen und hätte Reserven gehabt, um ohne Unterlass zu blühen.

Das war für uns eine gute Gelegenheit zu zeigen, wie man eine Landschaft originalgetreu kreiert, indem man mit Höhenunterschieden spielt. Das Ganze kann eine sonnige Ecke auf einer Terrasse schmücken.

Richtung Ägypten

Alles begann mit einem in einer Ecke im Büro zurückgelassenen, total hässlichen Topf mit Sauergras. Kurz vorm Verkümmern vegetierte die arme Pflanze vor sich hin, was kein gutes Zeichen war. Im Mai haben wir eine Rettungsaktion durchgeführt, wodurch aus dem Büschel ungefähr 12 Sprösslinge hervorbrachen, von denen jeder einen Stängel mit eigenen Basiswurzeln besaß. Wir haben sie in Töpfen, die wir auf Untertassen gestellt haben, im Kreis angeordnet und regelmäßig gegossen. Diese Auswüchse entwickeln sofort neue Blätter nach gerade mal zwei Wochen. Etwas weiter ließ eine Kiste, die Pflanzen aus Neuseeland als Motto hatte, zu wünschen übrig, abgesehen von zwei schönen Acaena-Büscheln mit bronzefarbenen Blättern. Wir haben einfach eine diagonale Linie mit Sauergras gebildet und etwas Erde aufgefüllt, und die Sache war geritzt. Für einen ägyptischen Look haben wir etwas roten Sand drum herum verteilt und eine kleine Amphore, die normalerweise als Aquariumdekoration dient, hinzugefügt.

TIPPS VON JEAN-PAUL

Geeignetes Zubehör wie hier die Amphore finden Sie im Aquariumsortiment. Verrückt, was es da alles gibt. Dort haben wir auch verschiedenfarbigen Sand aufgetrieben. Tipp: Nehmen Sie nicht zu viel davon, da man sonst nur noch ihn und nicht mehr die Pflanzen sieht!

Acaena (Stachelnüsschen)
Diese mehrjährige Pflanze stammt aus Neuseeland und bildet einen grünbläulichen, manchmal bronzefarbenen Teppichflor, wie die Sorte „Kupferteppich“. Die nussförmigen Blüten sind genau genommen eher eigentümlich als hübsch. Absolut langlebig.

Falscher Papyrus
Das hier verwendete Zyperngras (Cyperus alternifolius) ist in Madagaskar beheimatet. Es hat also nichts mit den Uferns des Nils zu tun, wo der echte Papyrus (C. papyrus) bis zu vier Meter hoch wird, was natürlich mehr Platz für die Wurzeln erfordert. Außerdem braucht er viel Hitze, um zu gedeihen. Der falsche Papyrus ist also viel genügsamer. Im Winter stellt man ihn einfach an einen mäßig geheizten, aber hellen Ort, etwa in eine Diele, Garage oder in einen Wintergarten.

EINFACH • GESCHENKIDEE • LANGLEBIG

Natürliche Minigärten

Was gibt es Natürlicheres als Kisten mit Strandkiefer, die einfach in Leinöl ausgetrieben haben? Ihnen steht es also vollkommen zu, reale Landschaften nachzubilden. Ohne Einschränkung zu genießen.

Bei unseren ersten Überlegungen zu Gärten in Weinkisten entwickelten sich unsere Ideen für Landschaften ganz von selbst. Die beste Art, sich von den billigen Plastikbehältern abzuheben, so als ob sogar das Gefäß einen Stil wiedergeben würde. Hand aufs Herz, das war nicht einfach hinzukriegen, fast so, als ob der natürliche Effekt sich nicht von vornherein einstellen wollte. Wild wachsende Pflanzen auszubuddeln und sie direkt in die Kisten zu setzen ist nur selten von Erfolg gekrönt, da die meisten ohne Grund gelb werden. Das muss Sie aber nicht davon abhalten, es weiter zu versuchen. Die zusätzlichen Kosten sind gering, da man nur nach einem ungejäteten Abhang Ausschau halten muss, um dort Schönes für die Kisten zu sammeln.

Verrückte Pflanzen

Die Lösung liegt mal wieder bei den Baumschulisten. Einige von ihnen sind Spezialisten für die Akklimatisierung von Wildpflanzen, die aus unseren Gebirgen oder aus weiter entfernten Gefilden stammen. Diese Einführungsphase ermöglicht eine Nutzung jeglicher Art und Weise bearbeiteter und konditionierter Pflanzen. Dennoch geht es manchmal doch nur nach ihrem Willen: Einer dieser Minigärten, der Bergpflanzen gewidmet ist, wird erst ein Jahr nach seiner Kreation interessant, also zu spät für dieses Buch …

Eine Lektion in puncto Mäßigkeit

Während viele der Minigärten einen dichten Pflanzenwuchs haben, damit das Ergebnis die Erwartungen erfüllt, erfordern die Kisten mit Wildpflanzen ein erhöhtes planerisches Vorgehen. Man sollte ausreichend Platz lassen und auf Kies oder Sand auf der Erde verzichten. Diese Vorkehrungen bringen Pflanzen hervor, deren Ausformung oft genauso eindrucksvoll ist wie ihre Blüten, wenn auch manchmal nur für kurze Zeit.

Bis zum Zen

Die strikte Form der Kisten kann eine gewisse Nüchternheit ausstrahlen, sodass auch die kleinste Pflanze in diesem Rahmen zur Geltung kommt, wie z. B. ein einfaches Fleckchen Moos auf Sand. Das Bild der japanischen Zen-Gärten kommt einem da sofort in den Sinn. Warum nicht einfach die Erfahrung weitertreiben und eine mit Erde gefüllte Kiste sich selbst überlassen, damit die durch den Wind verteilten Samen sich dort ansiedeln können? Ein Minigarten des Zufalls …

Blumenfeld

RECHT EINFACH
•
ÜPPIGES WACHSTUM
•
6 MONATE

Seit Anbeginn der Landwirtschaft wachsen neben dem Getreide andere Pflanzen auf den Feldern. Eine Art gegenseitiger Anpassung findet da statt, und es ist spannend zu sehen, wie diese kleine Welt im Frühjahr wächst und gedeiht. Als ob die Getreidepflanzen als Lehrer dienten … Das Ganze ist bemerkenswert langlebig. Auch wenn die Getreideernte gering ausfällt, sind die Blumen eine Augenweide.

TIPPS VON JEAN-PAUL

Getreidesamen finden Sie in Bioläden bei den Zuchtsämereien. Die direkte Aussaat in der Kiste ist möglich, aber das Vorziehen in einem Topf und anschließendes Pikieren ist empfehlenswert, um eine Regularität sicherzustellen.

Weizen und Roggen sind im September und Oktober auszusäen und einen Monat später zu pikieren. Gerste und Hafer werden im Februar ausgesät, nach den starken Frösten.

1 Kornblume
Von den Stängeln der Getreidepflanzen gestützt, reckt sich die Kornblume gen Himmel. Versenken Sie sich in den blauen Blüten, um Ihre Augen zu erfreuen.

2 Kornrade
Einst von den Landwirten wegen ihrer giftigen Samen gefürchtet, hat die Kornrade viele Rückschritte aufgrund ihrer Eigenschaft als chemisches Herbizid hinnehmen müssen. Ihre schönen Blüten machen dies aber wieder wett.

3 Acker-Glockenblume
Diese feine Glockenblume wurde zur selben Zeit wie die Getreidepflanzen eingesetzt, wird diese aber in der Größe übertreffen.

4 Saat-Margerite
Schlanker als die Ringelblume, zieht sie die Blicke durch ihre ockergelben Blüten auf sich. Schneiden Sie sie nach und nach zurück, wenn sie zu welken beginnen, um noch mehr von der Pracht zu haben.

Liebkosung der Gerste

Von allen herkömmlichen Getreidearten ist die Gerste unbestritten die eleganteste. Nicht ganz so groß wie die alten Weizensorten oder der Hafer, verleitet sie einen dazu, ihre Ähren mit den langen grünen Grannen zu berühren. Im Anschluss verneigen sie sich auf galante Weise. Am Fuße der Gerste trägt etwas Unkraut dazu bei, den Boden zu garnieren.

RECHT EINFACH • GESCHENKIDEE • 5 MONATE

TIPPS VON JEAN-PAUL
Säen Sie jeweils vier oder fünf Gerstenkörner in Töpfe aus und behalten Sie nur die bestentwickelte Pflanze. Säen Sie gleichzeitig eine Samenmischung aus Ackerbegleitpflanzen: Eine Prise reicht für zwei oder drei Töpfe. Setzen Sie sie in die Kiste, wenn die Pflanzen eine oder zwei ungefähr zehn cm lange Blätter produziert haben. Vier oder fünf Getreidepflanzen genügen für eine für sechs Flaschen vorgesehene Kiste, da jede von ihnen ein breites Büschel hervorbringen wird. Pikieren Sie die Ackerbegleitpflanzen, indem Sie sie nahe des Kistenrandes setzen.

Schöner Hafer

Der Hafer wird hier mit Acker-Hellerkraut zusammengesetzt und reckt stolz seine Rispen in die Höhe. Die kleinen Ähren scheinen in der Luft zu schweben, aber das Ganze bleibt bemerkenswerterweise stabil, da das Hafergras mit Feinheit nicht so viel am Hut hat. Die Blätter sind etwas breiter als die von anderen Getreidepflanzen und tragen zur allgemeinen Harmonie bei.

ÜPPIG • RECHT EINFACH • 5 MONATE

TIPPS VON JEAN-PAUL

Sie können auch in Gesellschaft von Getreidepflanzen am Wegesrand gepflückte Gräser, wie z. B. den Weißklee, in die Kiste setzen.
Stellen Sie diese Kisten immer in die pralle Sonne. Gießen Sie von Zeit zu Zeit und erhöhen Sie die Wassermenge, wenn die Ähren aufgehen. Geben Sie etwas löslichen Dünger hinzu.

Wenn Flecken auf den Blättern erscheinen, schneiden Sie diese ab, da es sich hier um sich entwickelnde Pilze handelt.

1 Einjähriges Gipskraut
Sein mehrjähriger Verwandter, der im Nebel blüht, ist eher bekannt. Dessen Blüten sind größer, aber auch von tadellosem Weiß. Ein Hauch von Nostalgie …

3 Klatschmohn
Ein Feld ohne Klatschmohn, unmöglich! Eine einzige Pflanze reicht aus, um einen Klecks Poesie in eine Kiste mit Getreidepflanzen zu bringen, was denen in keinster Weise schadet.

1

2

3

4

2 Acker-Hellerkraut
Auch wenn die Landwirte den Verwandten des Hellerkrauts, das Hirtentäschelkraut, nicht wertschätzen, verdient das lilafarbene Hellerkraut Nachsicht aufgrund seiner Blüten, die einen Honigduft ausströmen. Eine Dolde von 40 cm Durchmesser ist ausreichend.

4 Von der Ähre zum Korn
Einkorn, Hafer und Gerste … Das sind nur einige der Getreidesorten, die Sie in der Kiste ausprobieren können. Schneiden Sie die Ähren mit etwas mehr Halm ab, wenn Sie Trockensträuße daraus machen möchten.

Nun ist Erntezeit

Gegen Ende Juni erfahren die Mikro-Felder eine umgekehrte Evolution: Während die Körner sich bilden und wachsen, werden die Blätter unaufhaltsam gelb. Sie haben regelmäßig gegossen - nichts zu machen. Die Zeit der Ernte ist gekommen, die mit einfachen Küchenmessern erfolgen kann.

Zen-Garten

EINFACH
•
GESCHENKIDEE
•
MIN.
7 MONATE

TIPPS VON JEAN-PAUL

Sie können diese Pflanzen sowohl im Herbst als auch im Frühjahr in die Kiste setzen. Pflanzen Sie sie nicht zu eng nebeneinander, damit sie genug Platz haben, sich zu entwickeln. Setzen Sie sie so nahe wie möglich an den Rand, da sich die meisten von ihnen gerne in die Luft recken.

Diese tiefergelegte Kiste schien hervorragend zu Steinpflanzen zu passen, diese kriechenden, teppichbildenden Pflanzen, die direkt aus den Bergen kommen. Daran gewöhnt, einen Teil des Jahres unter der Schneedecke zu leben, die sie vor der großen Kälte und vor Wind schützt, dehnen sich diese Pflanzen langsam aus. Zufällig haben wir am Stand von Rocailles du Val beim Pflanzenfest von Saint-Jean-de-Beauregard das goldene Pfriemen-Mastkraut und eine winzige Zwergnelke aufgetrieben.
Das falsche Sumpf-Vergissmeinnicht ist ein Isotoma fluviatilis „Country Park" und stammt ursprünglich aus Australien. Eine buntblättrige Zwerg-Gänsekresse vervollständigt das Arrangement. Ein nahe am Boden liegender blaugrüner Schwingel bringt etwas Leichtigkeit hinein. Alles hat sich perfekt entwickelt und wird wohl mehrere Jahre halten.

Steinnelke
Spezialisten für Bergpflanzen empfehlen die makellose Zwerg-Steinnelke für diese Landschaftsart. Ihre ganz feinen Blätter passen hervorragend zu denen der anderen Pflanzen. Ihre Blüten sind ab Anfang Sommer eine pure Verzückung für Augen und Nase.

Zwerg-Glockenblume
Zwerg-Glockenblumen sind perfekt für diese Art von Landschaft geeignet, da sie größtenteils an der alpinen Stufe unserer Gebirge beheimatet sind. Sie blühen im Frühjahr, aber dank der Gärtner auch zu Beginn des Herbstes.

Steinnelke

Zwerg-Glockenblume

Die Ecke der Murmeltiere

Wie man sich schon denken kann, strahlt die Anordnung der zwei Kisten mit Bergblumen Harmonie aus. Der Vorteil eines Freiland-Steingartens besteht darin, dass man die Kisten auf einen Tisch stellen kann, um Unkraut zu jäten, auch mit einer Pinzette, wenn es sein muss. Versuchen Sie, sich bei einem echten Steingarten ganz nah an den Boden zu begeben ...

EINFACH • LANGLEBIG • MIN. 7 MONATE

Vergessenes Terrassenbeet

In Südfrankreich heißen kleine Mäuerchen restanque, die die Erde auf Terrassen halten, welche zu früheren Zeiten auf noch so flachen Abhängen angelegt wurden. Das Zuhause für eine Flora, die aus Kissen bildenden Pflanzen besteht. In diesem Arrangement befinden sich Zwerg-Nelken, die vor der Blüte wie Igel aussehen. Ein Zwerg-Johanniskraut sowie eine Wolfsmilch mit bronzefarbenen Blättern leisten ihnen Gesellschaft.

Ziergarten vom Ende der Welt

Gerade mal zwei Monate liegen zwischen diesen beiden Ansichten derselben Kiste. Da sie groß und ziemlich flach ist, war sie für Zwergpflanzen geradezu prädestiniert. Fürs Erste haben wir uns für die Fauna der anderen Seite der Weltkugel entschieden, nämlich für die Berge in Neuseeland. Dort ist das Stachelnüsschen mit seinen purpurfarbenen Blättern beheimatet, das zwei Winkel der Kiste besetzt. Seine Blätter dienen als Schmuck für die Wolfsmilch-Sorte Diamond Frost, welche man schon in anderen Kisten erspähen konnte, ihr aber nicht überdrüssig wird. Ein Fiederpolster mit fein ziselierten Blättern vervollständigt die Szene.

Leider haben sich etwas später die Schnecken der Wolfsmilch bemächtigt, und das Fiederpolster ist sehr geschrumpft, wahrscheinlich aufgrund Wassermangels. Daher haben wir die Kiste recycelt, Zyperngräser angepflanzt und sie an das Ufer des Nils verfrachtet …

TIPPS VON JEAN-PAUL

Garnieren Sie die Oberfläche der Erde mit gröberem Kies, um sie etwas natürlicher aussehen zu lassen: Das ist schließlich kein Friedhof!

Schneiden Sie ab und zu mit einem Küchenmesser die Pflanzen zurück, die sich zu sehr ausbreiten.

Lavendel satt

EINFACH • GESCHENKIDEE • MIN. 7 MONATE

Ein stämmiger Lavendel, wie hier die Sorte Munstead, gibt neben dem Feldthymian und einer Bergminze den Ton an. Eine Zwerg-Nelke hat schon geblüht. Das Ganze bleibt bis zur ersten großen Hitze dekorativ. Dann wird es Zeit, den Lavendel zurückzuschneiden, wodurch er im September noch einmal etwas erblüht.

TIPPS VON JEAN-PAUL

Setzen Sie den Lavendel in der Südhälfte des Landes im Herbst in die Kiste, in anderen Landesteilen im Frühjahr.
Erhöhen Sie die Menge des Puzzolans in der Mischung, um den Nährstoffgehalt in der Erde aufzulösen, damit der Lavendel sich gut entwickelt.

1 Lavendel Hidcote
Sehr bekannt zieht dieser stämmige Lavendel die Blicke aufgrund seines dichten Blütenstandes auf sich. Er ist eine der ersten echten Lavendelsorten, die im Juni zu blühen beginnen. Im September blüht er erneut etwas auf.

2 Schopflavendel
Diese Lavendelsorte beginnt ab Mai zu blühen. Sie unterscheidet sich von dem echten Lavendel durch ihre kompakten Ähren, aus denen einige Deckblätter mit Schopf hervorgehen.

3 Lavendel Munstead
Schlanker als die Sorte Hidcote und genau den Maßen einer Weinkiste entsprechend, bezaubert diese Lavendelsorte ab Juli. Sie verströmt einen lieblichen Duft, wie es sich für eine englische Lavendelsorte gehört.

Eine Kiste voller Duft

EINFACH • DUFTINTENSIV • MIN. 7 MONATE

Zwei unterschiedliche Lavendelsorten treten in dieser Kiste gemeinsam mit einem kriechenden Johanniskraut in den Dialog. Daraus kann man hübsche Trockensträuße machen. Nach der Blüte schneidet man sie auf die Hälfte zurück. Man braucht sie noch nicht einmal zu gießen, außer in Hitzeperioden.

Schneiden Sie sie direkt nach der Blüte vom ersten Sommer an auf die Hälfte zurück. Das ist die einzige Möglichkeit, stämmige Büschel zu behalten.
Beim ersten Frost die Kiste ans Haus stellen. Ab –10° C in die Garage, jedoch beim ersten Wärmeeinbruch wieder nach draußen bringen.

Ein Minigarten der Düfte

Wenn man zwei Kisten mit Lavendel und eine mit Kräutern kombiniert, erhält man eine stimmige Szenerie für eine sonnenbeschienene Ecke auf der Terrasse. Die Pflege ist äußerst einfach, die Kiste mit Petersilie und Basilikum muss man nur etwas mehr gießen. Explodiert der Duft des Lavendels zu sehr in der Küche, kann man einige Zweige zusammen mit Oregano auf den Tisch stellen.

TIPPS VON JEAN-PAUL

Sie haben zwei Möglichkeiten: Masseneffekt mit einer Lavendelsorte oder Vielfalt, wodurch man für mehr als drei Monate in den Genuss des Duftes kommt. Ein nicht blühender Lavendel ist dank seiner Blätter trotzdem dekorativ.

Eine Ecke Garrigue

Vergessen Sie Lavendelfelder, die zwar auf Fotos eindrucksvoll sind, sich aber alle ähneln. Jede Lavendelsorte hat ihr ganz eigenes Aussehen, wie man hier eindeutig sehen kann. Bei einem Besuch eines Pflanzenfestivals wäre es sehr verwunderlich, wenn Sie nicht auf einen Spezialisten für Lavendel stoßen würden. Für 1 oder 2 Euro mehr erhalten Sie Einblick in die Vielfalt der Farben und Düfte.

Buntblättriger Oregano

Buntblättriger Oregano
Dank seiner leuchtenden Blätter bildet dieser Oregano einen perfekten Kontrast zu dem Lavendel. Er bringt eine gewisse Flauschigkeit in die Arrangements, nicht zu vergessen seine pfeffrige Note, wenn man ihn leicht berührt. Bienen und Schmetterlinge schätzen seine weiß-rosa Blüten im Sommer.

Der Provence-Lavendel „Dutch" hat hübsche silberfarbene Blätter im Winter, jedoch blüht er in geringerem Maße. Einige Kieselsteine um die Lavendelzweige verteilen, um den Eindruck des Heidelandes zu verstärken.

Zen-Garten im New Look

Dieses Buch war schon fast unter Dach und Fach, als durch Zufall der Stand von Adrien Bénard (Aquaphyte-Garten) und seine Moosbälle auf dem Pflanzenfestival in Saint-Jean-de-Beauregard unsere Aufmerksamkeit erregt hat. In diesen sehr nüchternen Arrangements liegen die Pflanzen, Zwergsträucher oder Orchideen, auf Schiefer, Holzstücken oder sogar Keramikscherben, wobei ihre Basis von Moos umgeben ist. Ein bisschen weiter entfernt können wir anhand eines vollständig aus Moossorten bestehenden Gartens deren Vielfalt bewundern. Adrien Bénard war so nett, uns einige Muster, ergänzt um Extra-Tipps, zu überlassen, sodass wir schnurstracks nach Hause gefahren sind und diese zwei Gärten erstellt haben.

Am Anfang der Welt

Das Moos gibt einen kleinen Diskurs in Sachen Einfachheit durch seine zurückgenommene Struktur mit einigen Stängeln und falschen Blättern, die noch nicht einmal von echten Wurzeln am Boden festgehalten werden, sondern mit kleinen Härchen. Und das schon seit Urzeiten ... Beim Anblick dieser Kiste kann man sich sehr gut das Karbon vorstellen, als die Vorfahren des Mooses begannen, die Kontinente zu überziehen. Ganz auf ihre Weise unauffällig, aber beharrlich.

EINFACH • GESCHENKIDEE • MIN. 7 MONATE

Tundra

Zusammen mit Flechten und Seggen bildet das Moos den pflanzlichen Teppich der Tundra, jene Gegend nahe dem Packeis, wo es die Pflanzen alles andere als leicht haben. Auch wenn der Boden gefroren ist, kann das Moos das Wasser direkt über die Plättchen absorbieren, die auf seinen kurzen Stängeln sitzen.

Moos-Duo

Da diese beiden Kisten mit Moos dieselbe Nüchternheit ausstrahlen, bringen sie sich gegenseitig zur Geltung. Dank ihnen wird eine Ecke im Hof, die keinen Sonnenstrahl abkriegt, zu einem Ort der Kontemplation. Jede Jahreszeit bringt leichte Veränderungen mit sich, die ein Kenner zu würdigen weiß.

TIPPS VON JEAN-PAUL

Das Moos zieht regelmäßiges Besprengen mit Wasser dem Gießen vor. Es kann vorübergehend etwas versengen, aber keine Sorge: Beim ersten Sprühnebel findet es zu seiner Schönheit zurück.

Der Zauberwald

Auf dem Pflanzenfestival in Saint-Jean-de-Beauregard haben wir einen Baumschulist entdeckt, der auf einjährige Bäume mit einer Höhe von gerade mal 30 bis 40 cm spezialisiert ist. So entsteht der Eindruck eines Miniaturwaldes. Die Kiste Carnac (siehe Seite 7) scheint genau dafür geeignet zu sein: Es reicht aus, die Menhire durch junge Bäume zu ersetzen, fertig. Gilles Lacombe war so begeistert, dass er mit diesem Arrangement wieder abgefahren ist. Da der Platz für die Wurzeln begrenzt ist, wetten wir, dass in einem oder zwei Jahren die Bäume buschig genug sein werden, sodass es wie ein Wald aussieht, aber nicht im Übermaß.

Ländlicher Effekt

Ehrlich gesagt, unsere paar Versuche, eine Wildblumenwiese in einer Kiste zu züchten, waren nicht sehr von Erfolg gekrönt. Warum also nicht eine Umsetzung mit diesen Dauerpflanzen versuchen? Wir haben uns vorrangig auf zartgelbe Schafgarbe und ein Mädchenauge konzentriert.
Ein roter Bartfaden mit nicht allzu imposanten Blüten bringt etwas Farbe ins Spiel, und als Kontrast haben wir eine Schaumblüte mit marmorierten Blättern gewählt.
Wir haben uns dann für eine quadratische, recht hohe Kiste entschieden, damit sich Wurzelballen entwickeln können. Das Ergebnis vermittelt recht realistisch ein Stückchen Wiese, auch wenn das Wichtigste fehlt, nämlich Gras.

SUPER EINFACH
•
ETWAS TEURER
•
MIN.
7 MONATE

Echtes Leinkraut
Man erkennt es an seinen feinen, grün-silbrigen Blättern. Setzen Sie es im Frühjahr ganz nah an das Holz einer Kiste. Seine Blütenzweige haben es verdient, aus nächster Nähe betrachtet zu werden.

Wiesen-Klee
Wegen seiner Blätter mit der deutlich erkennbaren Zeichnung und seinen rosafarbenen Köpfchen hat dieser Klee einen festen Platz in einer Kiste mit ländlichem Effekt. Pikieren Sie ihn im Frühjahr, wobei seine kriechenden Stängel kaum mit Erde bedeckt sein sollten, die in Windeseile durchgängig Wurzeln schlagen werden.

Persischer Ehrenpreis
Trotz seines exotischen Namens macht er es sich gerne an Abhängen in ganz Europa und sogar bis nach Schottland bequem. Aus der Nähe betrachtet, wissen seine Blüten uns zu entzücken.

Löwenzahn
Ziehen Sie im Februar einen Löwenzahn und allen seinen Wurzeln mithilfe eines Pflanzholzes aus der Erde und setzen Sie ihn zusammen mit Klee und einigen Gräsern in eine Kiste. Die Blüte lässt nicht lange auf sich warten, gefolgt von den berühmten Flugschirmen. Nicht wahr, Mme Larousse …

Köpfiger Knöterich
Ein kriechender Knöterich, der ab Mitte August bis Allerheiligen blüht. Mit erstaunlicher Natürlichkeit ringelt er sich aus der Kiste.

TIPPS VON JEAN-PAUL

Man könnte in Versuchung kommen, diese „wilden" Kisten mit echtem Boden zu füllen. Aber gewöhnliche Erde ist schwer und verdickt sich in Nullkommanichts. Bleiben Sie bei der Mischung aus Blumen- und Puzzolanerde. Oben drauf können Sie etwas Muttererde verteilen, damit man das Schwarz der Blumenerde nicht sieht.

Mädchenauge, Bartfaden, Schafgarbe und Schaumblüte

Beim Sammeln von Pflanzen werden Sie einheimische Pflanzen finden, die ab März zu pflücken sind, um sie in einer noch leeren Kiste im Gartenstil zusammenzustellen. Hier ein Beispiel für diese Blütenfülle.

Viele einheimische Pflanzen treten im Sommer in eine Ruhephase ein, nachdem sie Samen entwickelt haben.
Nehmen Sie Klee und Wegerich, um einen grünen Farbton ins Spiel zu bringen. Es empfiehlt sich nicht, Brennnesseln dazu zunehmen, da sie unter diesen Umständen noch mehr brennen.

Der Garten der Zukunft?

In Anspielung auf den angekündigten Klimawandel versammelt diese Kiste aus einem großen Weinanbaugebiet (das uns verzeihen möge, dass wir sie auf den Kopf gestellt haben!) exotische Pflanzen in jeder Hinsicht: Ausgestaltung, Form der Blätter, Blütenstand, alles an ihnen weckt unsere Neugier. Sie sind ihrem Weggefährten während mehrerer Wochen gefolgt, als ob nichts geschehen wäre, und die Aufmerksamkeit von mehr als einem Besucher auf sich gezogen. Beweis dafür, dass die Anwesenheit von farbenfrohen Blumen keineswegs unentbehrlich ist, wenn die Fantasie an der Macht ist!

EINFACH • GESCHENKIDEE • MIN. 7 MONATE

Drehung und Schlingen
Eine dieser Absonderlichkeiten, deren Geheimnis die holländischen Gärtner streng hüten. Sie wiederum sind es, die uns diese Pflanze im Frühjahr zukommen lassen, um unsere Neugier zu wecken. Die Blüten sind sehenswert, man könnte sie für einen Milchstern halten, aber es handelt sich um eine ähnliche Pflanze, Albuca concordiana, die auf den steinigen Hochebenen in Namibia und der Kapprovinz beheimatet ist. Man könnte befürchten, dass die Pflanze nach der Blüte in vornehmer Diskretion in Grün und Zartgelb verschwindet. Irrtum: Sechs Monate später im Oktober ist sie immer noch da, mit ihren so eigentümlich geschlungenen Blättern und ihrer an der Unterseite grün gefärbten Zwiebel.

Falsche Aralie
Als Kontrast zu der fleischigen Albuca, geht nichts über eine schlanke, um nicht zu sagen, filigrane Pflanze wie die Fingeraralie (oder Schefflera). Sie kommt ursprünglich aus Neukaledonien und zieht die Blicke durch ihre bronzefarbenen Blättern auf sich. Obwohl sie als schwierig gilt, hat sie sich erstaunlich gut in der Weinkiste gemacht. Sie hat ihre Größe verdoppelt und so die Eckleisten überragt, jedoch dabei ihre Leichtigkeit behalten.

Albuca concordiana

Fingeraralie

TIPPS VON JEAN-PAUL
Kaufen Sie mindestens zwei Töpfe von jeder der neuen Pflanzen, um eine in die Kiste und die andere in einen etwas größeren Topf zu pflanzen, nur um sicherzugehen. Sollte Erstere sich gut entwickeln, können Sie die zweite verschenken.

Alles beginnt mit einer schönen, von Gilles mit Kohlenstaub bemalten Kiste. Die hohen Eckleisten vermitteln einen sowohl minimalistischen als auch ultramodernen Eindruck. Das genügt, um sich in einem Science-Fiction-Film zu wähnen. Welche Pflanzen passen da am besten? Bei einem Besuch in einer Gärtnerei lassen sich eigentümlich anmutende Gewächse auftreiben. Ich stolpere über eine seltsame Pflanze mit fleischigen, spiralförmig eingerollten Blättern und eine andere, gertenschlank und purpurrot gefärbt. Zu Füßen dieser beiden Stars spielen eine silberfarbene Kalanchoe pumila und ein Zierpfeffer mit spindeldünnen, spitz zulaufenden Blättern den anderen beiden Pflanzen einen Comic im Heroic-Fantasy-Stil vor.

Anstelle eines Nachworts
9 Kisten für wirklich jede Gelegenheit

Geringer Kostenaufwand für einen hohen Mehrwert: Die in einen Minigarten umgewandelte Weinkiste erwartet nur eines: Ihre Fantasie. Jetzt sind Sie an der Reihe, sich selbst Freude zu bereiten und uns zum Staunen zu bringen!

Wir sind nun am Ende unserer Reise angelangt, die in der englischen Üppigkeit begonnen hat und in der Nüchternheit einer kaum skizzierten Natur endet. „Was machst du danach mit all diesen Kisten?" Diese Frage wurde mir oft gestellt, und ich wusste nicht, was ich darauf antworten sollte. Zunächst einmal, weil ich insgeheim Lust dazu hatte, alle zu behalten. Unrealistisch in einem großen Gewächshaus ...

Welche bestehen fort?

Ich behalte dennoch ungefähr 20 Kisten, in erster Linie die mit den Sukkulenten, weil das gerade meine Lieblingspflanzen sind, und auch viele andere, bis sie alt sind. Zweifellos sind die Feinschmeckerkisten nach und nach geerntet worden, abgesehen von den aromatischen Pflanzen, die ihren Elan beibehalten. Der Moment ist also gekommen, um sie aufzuteilen. Es war sehr amüsant zu sehen, wer welche Kiste zurückgefordert hat oder über eine andere angebotene empört zu sein schien. Also sind die Minigärten alles andere als einfache, kurzlebige Arrangements. Irgendwie scheinen sie so was wie eine Seele zu haben.

Wege für die Zukunft

Man kann noch Vieles ausprobieren, beispielsweise langsam wachsende Sträucher oder Kletterpflanzen. Eine Kiste mit Arabischem Jasmin ist zwar angenehm für die Nase, aber nicht so sehr fürs Auge. Nicht zu kräftig wirkende Clematis sind wahrscheinlich die bessere Wahl. Rosenstöcke auch, warum nicht? Ich überlasse das gerne anderen, denn Pflanzen mit Dornen sind nicht so meins.

Ach ja, wo wir gerade dabei sind, überlasse ich Ihnen gerne wieder das Feld. Jetzt können Sie sich Miniaturlandschaften ausdenken, sie mit ausgefallenen oder einfach in dem jeweiligen Zusammenhang ungewöhnlichen Pflanzen besiedeln.

Kisten, die wieder zu Hause sind

Diese Kisten am Rande der Terrasse vermitteln einen sehr stolzen Eindruck.

Schmücken Sie auch die Kisten: Wir sind freiwillig bei einem relativ nüchternen Stil geblieben, ausgenommen die Picassiette-Kiste, aber der Fantasie sind keine Grenzen gesetzt.
Weinkisten sind günstig und robust. Zwei Auswahlkriterien, um ihnen die Schultore zu öffnen. Wie wäre es, Ausstellungen mit Minigärten während des Schuljahres zu organisieren und deren Lebenszeit in Freizeitzentren zu verlängern? Kisten, die der Mathematik oder Botanik oder auch der Beobachtung von Regenwürmern und Ameisen gewidmet sind ...

Die Kisten des Himmels

Eine andere Möglichkeit für die Minigärten ist das begrünte Dach. Die Einfachheit der Bepflanzung von Kisten, ihr relativ geringes Gewicht und vor allem die hervorragende, durch das Holz bedingte Isolierung sind unter diesen Bedingungen wesentliche Vorteile. So könnten sie etwa auf dem Boden bepflanzt und dann auf das Dach gebracht werden, damit sie reichlich Sonne tanken können. Eine Möglichkeit, den Gedanken des Ökonomen Ernst Schumacher konkret zum Ausdruck zu bringen: *small is beautiful!*

Mary Horsfall

BESSER MULCHEN

Das A-Z Handbuch für Hobbygärtner

Ca. 124 S. | Broschur

Format: 21,5 x 19,0 cm

€ 16,95 (D), € 17,50 (A)

ISBN 978-3-7843-5457-6

Mulch ist ein wahres Wundermittel. Er spart Wasser, schützt und nährt den Boden, unterdrückt Unkraut, sorgt für gesundes Pflanzenwachstum und ist überdies sogar oft kostenlos. Zum Mulchen können die unterschiedlichsten Materialien eingesetzt werden, und viele davon haben Sie wahrscheinlich jetzt schon in Ihrem Garten.
In diesem Buch erfahren Sie alles, was Sie über Mulch wissen müssen: was er ist, woher Sie ihn bekommen, wie er verwendet wird und wie er funktioniert.
Den Hauptteil des Buches nimmt das Mulchglossar ein, in dem zahlreiche Mulchmaterialien und deren Verwendung sowie Mulchtechniken beschrieben werden. Sie erhalten Tipps, wie die unterschiedlichen Bereiche des Gartens am besten gemulcht werden und mit welchen Mulchen sich auch kleine Flächen ansprechend herrichten lassen. Dieses kleine, liebevoll illustrierte Buch erleichtert Ihnen die Gartenarbeit – der Mulch übernimmt die Schwerstarbeit, und Sie haben mehr Zeit, vom Liegestuhl aus Ihren schönen Garten zu bewundern.

Peter Bauwens

DER PERFEKTE KÜCHENGARTEN

Aktuelle Methoden, Pläne, Sorten & Anbautipps
160 S. | Hardcover
Format: 27,5 x 21,5 cm
€ 19,95 (D), € 20,50 (A)
ISBN 978-3-7843-5419-4

Das Fundament eines erntereichen und ausgewogenen Küchengartens sind zeitgemäße, solide Techniken und die richtige Pflanzenauswahl. Mit den passenden Gemüse- und Obstsorten, die Peter Bauwens in diesen 12 Garten-Entwürfen vorschlägt und porträtiert, ist eine qualitätsvolle Ernte für jeden Geschmack und Anspruch garantiert: Vom Feldgarten über den Staudengarten bis hin zum Kinder-Küchengarten, vom italienischen Kräutergarten über fernöstliche Entwürfe bis hin zum südamerikanisch inspirierten Gemüsegarten. Alle Sortenempfehlungen in diesem Buch sind bei uns erhältlich und eignen sich gut für unser Klima.

Danksagung

Mein Dank gilt vor allem Marc Binet, der mit amüsiertem Wohlwollen diese Anlieferung der bepflanzten Kisten angenommen hat; Catherine Maillet und Agnès Dumoussaud, die die Herstellung dieses Buches mit all ihrem Fachwissen begleitet haben; der Grafikerin Florence Le Maux, die einen Hauch von Fantasie hinzugefügt hat ... und natürlich meinen beiden Kumpels, Gilles Lacombe und Jean-Louis Leibovitch, die mich fröhlich auf dieser Miniatur-Forschungsreise begleitet haben ...

Bildnachweis

Alle Fotos des Werkes einschließlich des Umschlags sind Eigentum von **Jean-Louis Leibovitch** mit Ausnahme der folgenden Fotos:

Akürzungen : h = oben, b = unten, c = Mitte, g = links, d = rechts. © Kalina Volodimir coll. Hemera/Thinkstock : pages 4, 8, 29, 31, 33, 51, 52, 57, 63, 70, 75, 77, 81, 93, 99, 107, 113, 123, 127, 129, 141, 147, 151. - © alexokokok coll. Hemera/Thinkstock : 8-9 (fond), 4-5, 10 à 27 et 154 à 148 (fond cadre). - © Kreatiwp coll. iStock/Thinkstock : 5h, 86, 88, 90hg, 92, 94, 96, 98hg, 100, 102, 104hg, 106. - © Valery Seleznev coll. Hemera/Thinkstock : 8, 9. - © C. Dumoussaud : 10. - © MichaelJa coll. iStock/Thinkstock : 24b. - © Marbury coll. iStock/Thinkstock : 28-29. - © Superstok/ Leemage/Henry John Yeend King : 30 - © Tatyana Aleksieva-Sabeva coll. iStock/Thinkstock : 30. - © ArminStautBerlin coll. iStock/Thinkstock : 30bg. - © Galina Ermolaeva coll. iStock/ Thinkstock : 30bd. - © Marek Uliasz coll. iStock/Thinkstock : 30 à 43 (fond). - © Ljupco coll. iStock/Thinkstock : 31h. - © onepony coll. iStock/Thinkstock : 31hc. - © Pauws99 coll. iStock/Thinkstock : 31hd. - © Allingham Helen : 31bc. - © anna1311 coll. iStock/Thinkstock : 31bd - © Senkin coll. iStock/ Thinkstock : 33bc. - © Olga_Korneevap coll. iStock/Thinkstock : 35bg. - © janniwet coll. iStock/Thinkstock : 35, 104, 105, 142cg, 143hg. - © daikokuebisu coll. iStock/Thinkstock : 40h et cg. - © meganeura coll. iStock/Thinkstock : 42hd. - © Olga_Korneeva coll. iStock/Thinkstock : 42bg. - © David Bukach coll. iStock/ Thinkstock : 44hg. - © David Bukach coll. iStock/Thinkstock : 45c. - © koosen coll. iStock/Thinkstock : 46-47 (fond), 48 à 81 (fond). - © Alberto Masnovo coll. iStock/Thinkstock : 46hg. - © mrsnstudio coll. iStock/Thinkstock : 46hc. - © Archives Larbor/ Collection particulière : 46hd. - © Maya Kovacheva Photography coll. iStock/Thinkstock : 46cd. - © Meliha Gojak coll. iStock/ Thinkstock : 46bg. - © belchonock coll. iStock/Thinkstock : 46b. - © ouchi_irop coll. iStock/Thinkstock : 47hd. - © tashka2000 coll. iStock/Thinkstock : 47hd et 69. - © Darumo coll. iStock/ Thinkstock : 48hc. - © serazetdinov coll. iStock/Thinkstock : 68. - © Senkin coll. iStock/Thinkstock : 75b. - © Harry Jhangiryan coll. iStock/Thinkstock : 76bd. - © Levent Konuk coll. iStock/ Thinkstock : 82hg.- © VioricaIonescu coll. iStock/Thinkstock : 84 à 107 (fond). - Olivier Ploton © Archives Larousse : 84hd. - © Ints Vikmanis coll. iStock/Thinkstock : 84bd. - © loonara coll. iStock/Thinkstock : 85h, 85cd. - © CreativeImages1900 coll. iStock/Thinkstock : 85hg. - Olivier Ploton © Archives Larousse : 85b. - © Erpeewee coll. iStock/Thinkstock : 89bg. - © Steven Wynn coll. iStock/Thinkstock : 90hd. - © chronicler101 coll. iStock/Thinkstock : 98hd. - © Mikhail Kokhanchikov coll. iStock/ Thinkstock : 103. - © Amawasri coll. iStock/Thinkstock : 103cd. - © AleÜ Nowßk coll. Hemera/Thinkstock : 104hd. - © Steven Wynn coll. iStock/Thinkstock : 107bd. - © Nick Hewetson coll. iStock/Thinkstock : 108hc. - © Georgios Kollidas coll. iStock/ Thinkstock : 109bg. - © Darumo coll. iStock/Thinkstock : 109bd. - © LiliGraphie coll. iStock/Thinkstock : 110h. - © Nadanka coll. iStock/Thinkstock : 110cg. - © masaltof coll. iStock/Thinkstock : 110bg. - © Brand X Pictures coll. Stockbyte/Thinkstock : 110bd. - © Chad McDermott coll. iStock/Thinkstock : 110 à 115 (fond). - © Steven Wynn coll. iStock/Thinkstock : 111hd. - © Ale-ks coll. iStock/Thinkstock : 111cd. - © Ievgeniia Lytvynovych coll. iStock/ Thinkstock : 111bg. - © Hemera Technologies coll. PhotoObjects. net : 111bd. - © Denis Kozlenko coll. iStock/Thinkstock : 112hg. - © ilbusca coll. iStock/Thinkstock : 115. - © Mega_Pixel coll. iStock/ Thinkstock : 116hg. - © ilbusca coll. iStock/Thinkstock : 116bg. - © Michael Poe coll. iStock/Thinkstock : 120hd. - © risamay coll. iStock/Thinkstock : 124. - © Zoonar/A.Mijatovic coll. iZoonar/ Thinkstock : 124hg. - © retrofutur coll. iStock/Thinkstock : 124bg. - © Arnel Manalang coll. iStock/Thinkstock : 125hg. - © ilbusca coll. iStock/Thinkstock : 125cd. - © stocksnapper coll. iStock/Thinkstock : 126hd. - © Ivan_Mogilevchik coll. iStock/ Thinkstock : 128hg. - © Stasyuk Stanislav coll. iStock/Thinkstock : 130. - © Thinkstock Images coll. Stockbyte/Thinkstock : 133hg. - © Hulton Collection coll. Valueline/Thinkstock : 133hd. - © Jose Ignacio Soto coll. iStock/Thinkstock : 133bd. - © artist_as coll. iStock/Thinkstock : 134hg. - © STILLFX coll. iStock/Thinkstock : 134hc. - © Roman Sigaev coll. Hemera/Thinkstock : 134bg. - © LexussK coll. iStock/Thinkstock : 134bd. - © Tomasz Caderek coll. Hemera/Thinkstock : 134 à 151 (fond). - © Dorling Kindersley coll. iStock/Thinkstock : 135h. - © Fred De Bailliencourt coll. iStock/Thinkstock : 135hd. - © Hemera Technologies coll. PhotoObjects.net/Thinkstock : 135b. - © tonigenes coll. iStock/ Thinkstock : 135bd. - © Emily Lai coll. Hemera/Thinkstock : 142bg. - © Picsfive coll. iStock/Thinkstock : 147.

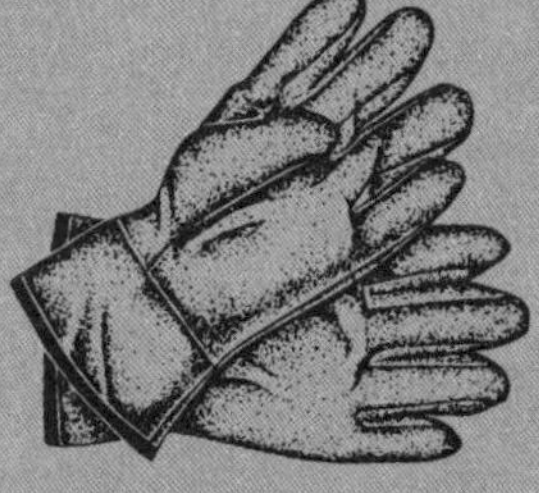